Francis Kangure

Otimização do desempenho organizacional através do envolvimento dos colaboradores

Francis Kangure

Otimização do desempenho organizacional através do envolvimento dos colaboradores

Lições poderosas sobre o equilíbrio entre vida profissional e pessoal

ScienciaScripts

Imprint

Any brand names and product names mentioned in this book are subject to trademark, brand or patent protection and are trademarks or registered trademarks of their respective holders. The use of brand names, product names, common names, trade names, product descriptions etc. even without a particular marking in this work is in no way to be construed to mean that such names may be regarded as unrestricted in respect of trademark and brand protection legislation and could thus be used by anyone.

Cover image: www.ingimage.com

This book is a translation from the original published under ISBN 978-3-659-74449-5.

Publisher:
Sciencia Scripts
is a trademark of
Dodo Books Indian Ocean Ltd. and OmniScriptum S.R.L publishing group

120 High Road, East Finchley, London, N2 9ED, United Kingdom
Str. Armeneasca 28/1, office 1, Chisinau MD-2012, Republic of Moldova, Europe
Printed at: see last page
ISBN: 978-620-8-13302-3

Copyright © Francis Kangure
Copyright © 2024 Dodo Books Indian Ocean Ltd. and OmniScriptum S.R.L publishing group

Índice:

DR. FRANCIS M. KANGURE, PHD
OPTIMIZAR O DESEMPENHO ORGANIZACIONAL ATRAVÉS ENVOLVIMENTO DOS TRABALHADORES

Lições poderosas sobre o equilíbrio entre vida profissional e pessoal

DEDICAÇÃO
Para Angela, Clare e Natalie

AGRADECIMENTOS

Este livro integra e toma emprestadas várias ideias de muitos dos meus colegas de profissão, a quem agradeço sinceramente.

Estou também profundamente grato a muitos mentores intelectuais e profissionais, incluindo o Dr. Wario Guyo, o Prof. Romanus Odhiambo, o Dr. Ben Chumo, o Dr. Luis Franceschi, o Prof. Ronald Chepkilot, o Dr. Anthony Waititu, o Dr. James Ngari e a Sra. Irene Kinuthia, entre outros, que me ensinam continuamente a pensar de forma crítica, clara e profissional.

Aproveito também esta oportunidade para reconhecer o papel fundamental dos editores da Lambert Publishing, que apoiaram pacientemente o meu desejo agressivo de garantir que o meu ponto de vista fosse refletido neste trabalho.

Acima de tudo, encontro apoio na minha família, que demonstra uma paciência contínua comigo. Um agradecimento especial à minha mulher Angela e às minhas filhas Clare e Natalie, que me recordam continuamente o que é mais importante na vida.

Dr. Francis M. Kangure, PhD
Nairobi, Quénia
julho de 2017

PREFÁCIO

Na última década, o mundo dos negócios sofreu uma investida de desafios profissionais e sectoriais. Muitos líderes do sector lembram-se de uma época em que os sistemas de gestão empresarial eram muito mais simples e previsíveis. Os tempos de mudança tornaram a economia volátil, incerta, complexa e ambígua (VUCA). Assistimos a organizações que encerraram sucursais, reduziram a sua força de trabalho e ajustaram as suas estratégias para se manterem relevantes no mercado e cumprirem as margens de lucro. Nenhuma empresa ficou imune aos efeitos da economia e muitas falharam simplesmente porque não sabiam ou não compreendiam quais as soluções que melhor as poderiam ajudar. No entanto, os especialistas do sector ensinaram-nos a pensar fora da caixa - a aplicar uma perceção diferente para examinar as nossas empresas e a aplicar medidas mais criativas.

A concorrência feroz e uma variedade de desafios na era pós-liberalização, privatização e globalização deram início a grandes mudanças nas práticas de RH. As unidades industriais começaram a aperceber-se da necessidade de serem proactivas em vez de reactivas. Uma vez que os trabalhadores psicologicamente empenhados se sentem competentes e confiantes para influenciar o seu trabalho e ambiente de trabalho de uma forma significativa, é provável que sejam mais proactivos e inovadores. Além disso, existe uma pressão constante sobre a gestão para reduzir os custos e aumentar a produtividade, o que só é possível através de uma força de trabalho satisfeita e empenhada.

O empenhamento dos trabalhadores tem as suas raízes no trabalho clássico realizado no domínio da motivação dos trabalhadores, sob a forma de motivação intrínseca. Diz-se que a motivação intrínseca existe quando o comportamento é efectuado por si próprio, e não para obter ganhos materiais ou sociais. Os académicos reconheceram o papel vital da motivação intrínseca e a necessidade de envolver deliberadamente os trabalhadores no seu trabalho. Parece que o empenhamento dos trabalhadores está fortemente ligado ao trabalho dos teóricos e investigadores clássicos da motivação. Por conseguinte, o empenhamento dos trabalhadores está intimamente ligado à sua motivação, mas os dois conceitos têm significados e implicações diferentes.

A Teoria da Autodeterminação (SDT) afirma que a perceção que os trabalhadores têm do apoio dos seus gestores irá prever a satisfação das suas necessidades intrínsecas de competência e autonomia e, por sua vez, irá prever o desempenho e o ajustamento no trabalho. A SDT fornece uma teoria unificadora para sustentar o conceito de empenhamento dos trabalhadores e para explicar algumas conclusões aparentemente comparáveis, em relação ao empenhamento dos trabalhadores. Vários estados motivacionais descritos pela SDT podem ser utilizados para explicar tanto a presença como a ausência do empenhamento dos trabalhadores. Os investigadores também desenvolveram vários modelos para explicar melhor os construtos que explicam o empenho dos trabalhadores, alguns dos quais são explicados nas secções seguintes.

No atual ambiente empresarial competitivo, o principal fator de diferenciação do desempenho da organização é o empenho dos trabalhadores. Os líderes organizacionais concordam que as empresas modernas exigem maior produtividade e maior eficiência, mais do que em épocas anteriores. Para alcançar e manter uma vantagem competitiva no mercado, os empregadores devem ir além da mera satisfação dos empregados; devem investir no bem-estar profissional e pessoal dos seus empregados, inspirando-os a aplicar todo o seu potencial inerente e capacidades profissionais nas suas funções. Mas como é que o envolvimento dos trabalhadores pode ter um impacto tangível na estratégia e nas operações da empresa? Na verdade, é impossível para as empresas fornecerem soluções eficazes e com impacto sem um recurso fundamental - as pessoas. O empenhamento tem, portanto, dimensões intelectuais, emocionais e comportamentais. Uma força de trabalho bem alinhada resulta num melhor desempenho final. Proporciona pontuações mais elevadas em praticamente todos os indicadores-chave de desempenho da empresa, sejam eles o lucro, a inovação, a segurança, entre outros. Alguns diretores executivos podem compreender a importância do envolvimento dos trabalhadores, mas têm tantas outras prioridades concorrentes que simplesmente não prestam a devida atenção ao envolvimento dos trabalhadores. Poderão estar mais interessados em desenvolver um novo produto ou em atingir um novo mercado. No entanto, apesar da ligação comprovada entre o envolvimento e a produtividade, muitas organizações não compreendem a importância do envolvimento. Uma vez que não é uma prioridade de topo, é frequentemente negligenciada. Então, a principal questão que se coloca é: porque é que tão poucos profissionais estão empenhados no trabalho? A resposta pode muito bem estar enraizada no facto de muitos líderes empresariais ainda não terem investido adequadamente nos esforços de envolvimento.

Investir em medidas de envolvimento dos trabalhadores é garantia de retornos positivos e a longo prazo. As organizações que incorporaram uma estratégia de envolvimento dos trabalhadores têm um desempenho superior ao das organizações que não o fizeram. A investigação mostra que ter uma força de trabalho empenhada resulta numa maior retenção da força de talento (taxas de rotação de pessoal mais baixas), menor absentismo, menos dias de baixa por ano, aumento dos lucros, taxas de retenção de clientes mais elevadas, menos roubos internos, maior criatividade e envolvimento no bem-estar organizacional. O empenhamento dos trabalhadores também melhora a reputação de uma organização no mercado; os trabalhadores avaliam os seus empregadores tal como os empregadores os avaliam a eles. Estas são considerações essenciais para as organizações que estão a tentar melhorar as suas estratégias empresariais globais, aumentar a satisfação dos clientes e aumentar as margens de lucro.

O envolvimento dos trabalhadores é um fator de mudança para as organizações que procuram uma vantagem competitiva no mercado. É fundamental para a retenção de talentos, a implementação eficaz de estratégias empresariais e a consecução dos objectivos organizacionais. Existem provas facilmente disponíveis de organizações, tanto locais como internacionais, que aplicaram vários métodos para alcançar o envolvimento dos trabalhadores e relataram mudanças de alto nível que impulsionaram os seus negócios. Existe uma abundância de potencial inerente a cada indivíduo e é da responsabilidade dos líderes organizacionais envolver e permitir que os colaboradores alcancem objectivos superiores aos seus, o que, por sua vez, terá um impacto direto no crescimento e sucesso do negócio.

Capítulo 1
INTRODUÇÃO

O que faz com que os funcionários tenham um melhor desempenho?

Um dos factores mais importantes no desempenho dos trabalhadores é o envolvimento. Uma força de trabalho bem alinhada resulta num melhor desempenho dos resultados. Proporciona pontuações mais elevadas em praticamente todos os indicadores-chave de desempenho da empresa, sejam eles o lucro, a inovação, a segurança, entre outros. Alguns diretores executivos podem compreender a importância da participação dos trabalhadores, mas têm tantas outras prioridades concorrentes que simplesmente não prestam a devida atenção à participação dos trabalhadores. Poderão estar mais interessados em desenvolver um novo produto ou em atingir um novo mercado.

No entanto, apesar da ligação comprovada entre o envolvimento e a produtividade, muitas organizações não compreendem a importância do envolvimento. Como não é uma prioridade máxima, acaba por ser negligenciado. Então, a principal questão que se coloca é: porque é que tão poucos profissionais estão empenhados no trabalho? A resposta pode muito bem estar enraizada no facto de muitos líderes empresariais ainda não terem investido adequadamente nos esforços de envolvimento!

O empenhamento dos trabalhadores é concebido em termos de compromisso e de comportamento extra-papel, em que os trabalhadores se sentem interessados no sucesso da empresa. Por sua vez, isto leva-os a ter um desempenho de alto nível, que pode exceder os requisitos declarados do trabalho, ou como satisfação pessoal e um sentimento de inspiração e afirmação que obtêm do trabalho e de fazerem parte da organização.

Além disso, a investigação demonstra associações entre o empenhamento dos trabalhadores e resultados organizacionais significativos, tais como o comportamento extra-papel, o empenhamento organizacional, o volume de negócios e a qualidade do serviço, tal como avaliada pelos clientes. Trabalhadores altamente empenhados contribuem para melhores resultados empresariais, clientes mais fiéis, menos "problemas", empenhamento organizacional e melhor desempenho financeiro.

A concorrência feroz e uma variedade de desafios na era pós-liberalização, privatização e globalização deram início a grandes mudanças nas práticas de recursos humanos (RH). As unidades industriais começaram a aperceber-se da necessidade de serem proactivas em vez de reactivas. Uma vez que os trabalhadores psicologicamente empenhados se sentem competentes e confiantes para influenciar o seu trabalho e o ambiente de trabalho de uma forma significativa, é provável que sejam proactivos e inovadores. Além disso, existe uma pressão constante sobre a gestão para reduzir os custos e aumentar a produtividade, o que só é possível através de uma força de trabalho satisfeita e empenhada.

Compreender o empenho dos trabalhadores

O empenhamento dos trabalhadores é definido como uma presença positiva durante o desempenho do trabalho, contribuindo voluntariamente para o esforço intelectual e experimentando emoções positivas e ligações significativas com os outros. O empenhamento é composto por três dimensões, que incluem o empenhamento intelectual (pensar muito sobre o trabalho e como fazê-lo melhor), o empenhamento afetivo (sentir-se positivo por fazer um bom trabalho) e o empenhamento social (aproveitar ativamente as oportunidades para discutir com os outros as melhorias relacionadas com o trabalho).

Por conseguinte, o empenhamento tem dimensões intelectuais, emocionais e comportamentais. Khan (1990) define o empenhamento dos trabalhadores como a vontade de discutir melhorias relacionadas com o trabalho e diferencia o empenhamento de outros constructos semelhantes, como a satisfação no trabalho, o comportamento de cidadania organizacional e o empenhamento dos trabalhadores. Pode argumentar-se que o empenhamento organizacional, a satisfação no trabalho e a defesa estão geralmente associados a níveis elevados de empenhamento, mas são distintos deste.

Categorização do empenho dos trabalhadores

Existem três categorias de empenhamento dos trabalhadores. A primeira categoria é composta por trabalhadores empenhados. Trata-se de trabalhadores que querem conhecer as expectativas desejadas para a sua função, de modo a poderem cumpri-las e excedê-las. São naturalmente curiosos acerca da sua empresa e do seu lugar nela. Têm um desempenho consistentemente elevado. Querem utilizar os seus talentos e pontos fortes no trabalho todos os dias. Trabalham com paixão, impulsionam a inovação e fazem avançar a sua organização. A segunda categoria é composta por trabalhadores que não estão empenhados. São trabalhadores que tendem a concentrar-se mais nas tarefas do que nos objectivos e resultados que se espera que atinjam. Querem que lhes digam o que fazer, só para o poderem fazer e dizer que terminaram. Concentram-se na realização de tarefas em vez de alcançarem um resultado. Os trabalhadores que não estão empenhados tendem a sentir que os seus contributos estão a ser ignorados e que o seu potencial não está a ser aproveitado.

Os trabalhadores que não estão empenhados sentem-se frequentemente assim porque não têm relações produtivas com os seus gestores ou com os seus colegas de trabalho. A terceira categoria é composta por trabalhadores ativamente desinteressados. Trata-se de trabalhadores que se opõem sistematicamente a praticamente tudo. Não são apenas infelizes no trabalho, mas também estão ocupados a atuar em prol da sua infelicidade. Semeiam sementes de negatividade em todas as oportunidades. Todos os dias, os trabalhadores ativamente desmotivados minam o que os seus colegas empenhados conseguem fazer. Uma vez que os trabalhadores dependem cada vez mais uns dos outros para gerar produtos e serviços, os problemas e as tensões que são fomentados por trabalhadores ativamente desmotivados podem causar grandes danos ao funcionamento de uma organização.

Ao concetualizar o envolvimento, o eu e o papel existem até certo ponto. Trata-se de uma relação negociável em que uma pessoa canaliza as suas energias pessoais para o comportamento no papel e mostra o seu "eu" dentro do papel. Este empenhamento serve para preencher o espírito humano no trabalho. Este emprego do eu no papel é considerado como um comportamento robótico ou patético. O empenhamento dos trabalhadores centra-se na forma como as experiências psicológicas de trabalho e os concursos de trabalho moldam o processo de apresentação e ausência das pessoas durante o desempenho das tarefas.

Para o envolvimento psicológico e os comportamentos organizacionais, as duas principais dimensões são o envolvimento emocional e cognitivo. Estar emocionalmente empenhado é estabelecer ligações significativas com os outros e sentir empatia e preocupação com os sentimentos dos outros. Em contrapartida, estar cognitivamente empenhado refere-se a quem tem consciência exacta da sua missão e do seu papel no ambiente de trabalho. Os trabalhadores podem estar empenhados numa dimensão e não na outra. No entanto, quanto mais empenhado estiver um trabalhador em cada dimensão, maior será o seu empenhamento pessoal global. Os trabalhadores experimentam o empenho pessoal (ou o desinteresse) durante o desempenho das tarefas diárias.

O empenhamento ocorre quando se está atento e/ou emocionalmente ligado aos outros. Por outras palavras, os trabalhadores que sabem o que se espera deles, que estabelecem relações fortes com os colegas de trabalho e com as chefias e que sentem significado no seu trabalho estão empenhados. Os trabalhadores não empenhados, por outro lado, desligam-se das funções profissionais e retraem-se cognitiva e emocionalmente. Os trabalhadores não empenhados apresentam um fraco desempenho e os comportamentos em relação às tarefas tornam-se fáceis, automáticos ou robóticos. Por conseguinte, o empenhamento dos trabalhadores envolve uma série de comportamentos e atitudes humanas, incluindo: motivação, empenho, satisfação com a agência, um sentimento de alinhamento com os objectivos organizacionais e um desejo de trabalhar arduamente para atingir esses objectivos. Além disso, está muitas vezes associado a resultados como a lealdade e a defesa do local de trabalho, bem como a um certo sentimento de que os trabalhadores "farão um esforço suplementar" ou um esforço discricionário para ajudar a atingir os objectivos organizacionais.

Por conseguinte, do ponto de vista do desempenho, as pessoas com um elevado grau de empenhamento no trabalho têm uma forte identidade com o seu trabalho e consideram-no inspirador, significativo e exigente. Por conseguinte, têm tendência para aplicar os conhecimentos e utilizar os recursos e as competências no trabalho, contribuindo assim para um melhor desempenho profissional. Além disso, uma força de trabalho altamente dedicada e empenhada é essencial para atingir os objectivos organizacionais.

Significado do equilíbrio entre vida profissional e pessoal

O equilíbrio entre a vida profissional e a vida privada é definido como um nível satisfatório de envolvimento ou de adequação entre os múltiplos papéis na vida de uma pessoa. Trata-se de um acordo harmonioso ou satisfatório entre as obrigações profissionais de um indivíduo e a sua vida pessoal. Por conseguinte, o equilíbrio entre a vida profissional e a vida privada é uma preocupação fundamental para os trabalhadores do século XXI, devido à crescente complexidade da vida moderna. O equilíbrio entre a vida profissional e pessoal centra-se na abordagem combinada da teoria da drenagem de recursos e da teoria dos papéis. Cada pessoa tem diferentes papéis que deve desempenhar, por exemplo, o papel de um diretor executivo e o papel de um pai. A perspetiva da escassez ou do esgotamento, inerente à teoria da drenagem de recursos, divide-se entre a dimensão relacionada com o trabalho/profissional e a dimensão relacionada com o trabalho individual. Em cada dimensão, existem recursos e exigências. Os recursos, enquanto activos estruturais ou psicológicos, podem ser utilizados para facilitar o desempenho, reduzir as exigências ou gerar recursos adicionais. Assim, os recursos são factores que facilitam a obtenção de um bom equilíbrio trabalho-família. São escassos e devem ser atribuídos de forma eficaz.

As exigências necessitam de recursos para serem satisfeitas. Se as exigências de uma dimensão não puderem ser satisfeitas pelos recursos, começam a interferir com as exigências das outras dimensões, o que está associado a um conflito e ao comprometimento do equilíbrio trabalho-família. Os recursos relacionados com o trabalho incluem uma cultura empresarial favorável à família, políticas de local de trabalho favoráveis à família, apoio do supervisor, apoio dos colegas e determinadas caraterísticas do tipo de trabalho. Assim, a interação dos recursos e das exigências determina a presença de um equilíbrio ou de um conflito trabalho-família que pode determinar o nível de empenhamento dos trabalhadores.

No local de trabalho atual, os trabalhadores enfrentam uma maior carga de trabalho, uma pressão crescente em termos de tempo e obstáculos crescentes na satisfação das exigências profissionais e pessoais. No trabalho, a procura de eficiência leva a um maior número de tarefas que têm de ser cumpridas num período mais curto. A globalização das empresas tem resultado num número crescente de viagens de negócios para os empregados, levando a períodos mais longos de absentismo das suas famílias ou vidas pessoais. Satisfazer as exigências frequentemente contraditórias da vida profissional e familiar é um dos maiores desafios para os trabalhadores modernos. Há uma percentagem crescente de trabalhadores que não conseguem conciliar o domínio do trabalho com o domínio da família, o que resulta num número crescente de dias de baixa devido a doenças psicológicas.

Em resposta aos desafios acima referidos, a maioria dos empregadores está empenhada em ajudar o seu pessoal a atingir um certo nível de equilíbrio entre a vida profissional e a vida privada, pois acreditam que isso contribuirá para a moral e o empenho do pessoal. Vários estudos revelam que, para melhorar o equilíbrio entre a vida profissional e a vida privada, as organizações recorreram a políticas como o horário flexível, o acolhimento de crianças no local de trabalho (Rothbard, 2001), a flexibilidade das condições de trabalho, as políticas favoráveis à família, o apoio à igualdade entre homens e mulheres e o alargamento dos direitos laborais. Isto deve-se ao facto de se ter verificado que o equilíbrio entre a vida profissional e a vida privada tem vários resultados positivos. Há provas de que o equilíbrio entre a vida profissional e a vida familiar está relacionado com níveis mais elevados de empenhamento organizacional (Baral & Bhargava, 2010). O equilíbrio entre a vida profissional e pessoal é o fator número um de atração e retenção no emprego, mesmo acima do salário. Os benefícios do equilíbrio entre a vida profissional e a vida privada, que incluem o empenhamento dos trabalhadores, levaram os empregadores a investir na cultura e nas políticas do local de trabalho que melhoram o equilíbrio entre a vida profissional e a vida privada.

Por exemplo, no Sri Lanka, Amarakoon & Wickramasinghe (2010) descobriram que o equilíbrio entre a vida profissional e a vida privada tem uma influência positiva no empenhamento dos trabalhadores. Argumentaram que um equilíbrio adequado entre as exigências do trabalho e da vida pessoal é um antecedente do empenho dos trabalhadores, uma vez que factores relacionados com a vida profissional e familiar, como a preocupação com os trabalhadores, a colocação dos interesses dos trabalhadores em primeiro lugar e a flexibilidade, são preditores do empenho. Por conseguinte, no âmbito da relação trabalho-família, a via instrumental propõe que os recursos acumulados num papel promovam um elevado desempenho no outro papel. A via afectiva indica que os recursos acumulados num papel resultam num afeto positivo nesse papel, promovendo, em última análise, um elevado desempenho e um afeto positivo no outro papel.

A literatura revela vários resultados positivos associados ao equilíbrio entre a vida profissional e a vida privada (Rothausen, 1994; Frone, Yardely & Markel, 1997; Lambert, 2000; Konrad & Mangel, 2000). Há também provas de que o equilíbrio entre a vida profissional e a vida privada está relacionado com níveis mais elevados de empenhamento organizacional (Jusoh, Ahmed & Omar, 2012). Um estado de papel que apresente simultaneamente um elevado desempenho e um afeto positivo deve ser o melhor fator de previsão do enriquecimento trabalho-família. A julgar pela perspetiva dos afectos, as pessoas que estão altamente empenhadas estão também altamente envolvidas, profundamente absorvidas e entusiasmadas com o seu trabalho (Siu et al., 2010). Isto contribui para uma experiência feliz identificada por Seligman, Rashid & Parks (2006) como afeto positivo.

Resultados organizacionais para o empenho dos trabalhadores
Desempenho organizacional

A relação entre o empenhamento dos trabalhadores e os resultados organizacionais é confirmada por vários estudos. Os estudos demonstraram que o envolvimento dos trabalhadores tem uma influência positiva nos seguintes indicadores de desempenho organizacional: satisfação do cliente, produtividade, lucro, rotação de trabalhadores e segurança. Um dos estudos mais importantes, que mostra a importância do envolvimento a nível empresarial, foi realizado por Harter, Schmidt e Hayes (2002). Estes autores relacionaram o envolvimento dos trabalhadores com resultados que são diretamente relevantes para a maioria das empresas: satisfação do cliente, produtividade, lucro, rotação dos trabalhadores e segurança no trabalho.

Outros estudos, como os de Salanova et al. (2005), Hakanen et al. (2006) e Bakker e Demerouti (2007), também apoiam as conclusões de Harter et al. (2002) e concordam que o empenhamento dos trabalhadores pode ser um indicador de sucesso organizacional. Este, por sua vez, tem o potencial de afetar a retenção, a lealdade e a produtividade dos trabalhadores, com alguma ligação à satisfação dos clientes, o que resulta nos resultados comerciais de uma empresa.

No entanto, nem toda a gente concorda totalmente com a ideia de que o envolvimento dos trabalhadores aumenta os resultados da empresa por si só. Por exemplo, Balain e Sparrow (2009) sugerem que a ligação entre o empenhamento dos trabalhadores e o desempenho organizacional não é assim tão forte. Em alternativa, sugerem que existe uma ligação inversa entre o desempenho organizacional e as atitudes dos trabalhadores. Isto significa que, quando os índices de desempenho organizacional são elevados, os trabalhadores têm atitudes positivas. Em suma, o envolvimento dos trabalhadores tem vários resultados positivos, incluindo a obtenção de resultados empresariais mais elevados, o que aumenta ainda mais o moral e o envolvimento dos trabalhadores.

Produtividade dos empregados

O empenhamento afecta o desempenho dos trabalhadores. Num estudo realizado em seis organizações públicas, Sonnentag (2003) constatou que um elevado nível de empenhamento ajuda os trabalhadores "a tomar iniciativas e a atingir objectivos de aprendizagem". Os trabalhadores empenhados desenvolvem novos conhecimentos, respondem a oportunidades, fazem um esforço suplementar para apoiar a empresa e empenham-se em acções de orientação e voluntariado. Além disso, os trabalhadores empenhados estão mais satisfeitos com o seu trabalho e estão mais empenhados na organização, têm vontade de atingir objectivos difíceis e têm vontade de ser bem sucedidos. Os trabalhadores empenhados não se retraem, não só têm mais energia, como também a aplicam com entusiasmo no trabalho. Além disso, os trabalhadores empenhados estão intensamente envolvidos no seu trabalho e prestam atenção aos pormenores (Bakker & Leiter, 2010).

Os trabalhadores empenhados também vão para além da descrição das funções; mudam e organizam dinamicamente o seu trabalho de forma a adaptá-lo ao ambiente de trabalho em mutação. Além disso, a atitude positiva dos trabalhadores empenhados estimula a perspetiva integradora e criativa que acrescenta valor à empresa de serviços. A nível individual, o empenhamento influencia a qualidade do trabalho dos trabalhadores e a sua própria experiência de trabalho. A nível organizacional, influencia o crescimento e a produtividade da organização. Há muitos factores individuais e organizacionais que determinam se os empregados se empenham e em que medida o fazem.

O empenhamento permite que os trabalhadores se apropriem do seu trabalho e assumam a responsabilidade pelos seus resultados. Devido ao avanço tecnológico e à automatização, as organizações dependem de um elevado grau de criatividade e de atitude de aprendizagem dos trabalhadores, o que exige responsabilidade individual e um esforço de assunção de riscos. Os resultados em termos de desempenho das práticas de envolvimento são uma maior produtividade, um serviço ao cliente proactivo e superior, enquanto os resultados em termos de atitude incluem a satisfação no trabalho, o empenho organizacional, da equipa e individual.

Para além disso, os trabalhadores com poder de decisão têm também um maior sentido de satisfação no trabalho, motivação e lealdade organizacional. Um funcionário satisfeito e empenhado é um ativo para a organização. Esse funcionário está psicologicamente ligado ao seu trabalho e tem menos probabilidades de deixar a organização, tem orgulho em pertencer à organização e dá um maior contributo para o sucesso da organização.

A secção seguinte destaca os modelos que ilustram estes factores e a importância que os trabalhadores lhes atribuem.

Lição
Porque é que Samuel escolheu o equilíbrio entre a vida profissional e pessoal em vez de um salário elevado

Nos meus 15 anos de experiência em gestão de recursos humanos, testemunhei vários casos em que as pessoas deixaram empregos bem remunerados e seguros, que proporcionam flexibilidade e tempo para tratar de assuntos pessoais e familiares. Também já vi trabalhadores optarem pela reforma antecipada para irem gerir empresas privadas em vez de trabalharem por conta de outrem, de modo a poderem ter horários de trabalho mais flexíveis.

O Samuel é um bom exemplo. Entrou para uma organização de renome no sector da energia como empregado de escritório temporário. Era uma pessoa ambiciosa, trabalhadora e concentrada, que dedicava toda a sua energia à construção da sua carreira. Rapidamente ganhou a reputação de ser o primeiro a chegar e o último a sair do escritório todos os dias, dando generosamente tempo extra para rever o seu trabalho e certificar-se de que o tinha feito corretamente. Durante um período de 15 anos, o Samuel cresceu exponencialmente dentro da organização, tornando-se um líder sénior altamente respeitado, responsável pelos interesses financeiros da região. Era sempre apaixonado pelo seu trabalho e trabalhou incansavelmente para ajudar a organização a otimizar os seus processos financeiros para operar de forma mais eficiente e fluida, mantendo-se à frente de muitos desafios do mercado. Graças aos esforços dedicados de Samuel, a organização atravessou sem problemas a crise económica que assolou muitas empresas na última década. Durante os 30 anos do seu mandato, os seus esforços foram recompensados com um salário lucrativo, bónus e benefícios valiosos para si e para a sua família, bem como com oportunidades de aumentar o seu já impressionante currículo. Participou em muitos seminários locais e internacionais como orador principal e como convidado. Samuel era membro ativo do conselho de administração de várias entidades financeiras e era tão trabalhador nelas como no seu local de trabalho principal.

Na segunda metade do seu mandato na organização, o desempenho de Samuel no trabalho começou a ser muito afetado. Com as exigências da economia para que as empresas superassem os seus concorrentes, bem como o seu próprio desempenho, o Samuel e a sua equipa passaram a trabalhar mais horas, criando e implementando ferramentas e sistemas que os colocassem à frente dos seus concorrentes. Trabalhava longas e pesadas horas, incluindo aos fins-de-semana; no pouco tempo que tinha para descansar, tentava pôr em dia as responsabilidades da sua vida familiar, perdendo muitas vezes eventos importantes e marcos importantes que a sua família alcançava na vida pessoal, porque o seu trabalho exigia frequentemente a sua atenção urgente. O aumento das exigências do trabalho causou-lhe grande stress e sofreu alguns sustos médicos devido ao excesso de trabalho do músculo cardíaco. Começou a depender de analgésicos fortes e de outros medicamentos para o ajudar no trabalho. A paixão de Samuel pelo seu trabalho diminuiu e era-lhe cada vez mais difícil manter-se motivado e inspirado para ir trabalhar.

A mulher de Samuel apercebeu-se do efeito que o seu trabalho estava a ter na vida da família e abordou o assunto com ele uma noite, quando ele, mais uma vez, chegou tarde a casa depois de um longo dia de trabalho. Inicialmente, Samuel resistiu, porque estava preocupado com a forma como poderia sustentar a família e manter o seu estilo de vida elevado sem a sua principal fonte de rendimento. No entanto, não podia negar que sentia uma sensação de alívio por não estar sozinho nas suas dificuldades, mas continuava preocupado com a forma como a organização iria sobreviver sem ele ao leme financeiro. Depois de contemplar a situação e os possíveis resultados das escolhas que faria, Samuel decidiu que era altura de pendurar o chapéu do mundo empresarial. Com o apoio da sua família, Samuel apresentou a sua demissão para uma reforma antecipada na organização aos 55 anos de idade. A idade de reforma da organização estava legalmente fixada nos 60 anos, mas Samuel sentiu que a sua saúde, a sua família e a sua felicidade eram mais importantes. A saída do Samuel deixou uma grande fissura na organização, uma vez que tinham perdido um recurso fundamental e imperativo para as suas operações.

Todas as organizações esperam contratar e manter os seus empregados por períodos longos. Isto reduz as taxas de rotatividade dos empregados, reduzindo assim o custo de recontratação e reciclagem de novos empregados. Também ajuda a empresa a continuar a crescer de forma estável, sem que as suas operações sejam interrompidas pela falta de talento para preencher cargos vazios. As organizações que não incorporam e implementam ativamente políticas de equilíbrio entre a vida profissional e a vida privada sofrem à sua própria custa. O antigo empregador de Samuel, e muitos outros como ele, passarão meses à procura de talentos que igualem ou excedam o calibre da experiência de Samuel, e de alguém que seja uma força motriz por detrás da estratégia empresarial da organização para enfrentar a economia volátil, incerta, complexa e ambígua (VUCA) em constante mudança.

Uma política ativa de equilíbrio entre a vida profissional e a vida privada ajudará muito os empregados a reservar tempo para descansar e participar em actividades fora do ambiente de trabalho que os rejuvenescerão. O equilíbrio entre a vida profissional e a vida privada manterá os seus empregados frescos e enérgicos e dar-lhes-á a resistência de que necessitam para se aplicarem às suas funções, promovendo o empenho e o compromisso dos empregados.

Capítulo 2
MODELOS DE ENVOLVIMENTO DOS TRABALHADORES
Modelo Dubin de envolvimento dos trabalhadores

Dubin (1978) identificou a relação entre colegas de trabalho e supervisores como um dos principais factores de envolvimento dos trabalhadores. Argumentou que, quando as relações interpessoais dos trabalhadores com os seus pares e supervisores são de apoio e de confiança, estes ficam empenhados nas suas organizações, equipas e tarefas de trabalho. No entanto, o modelo teórico da Figura 1.1 centra-se nos antecedentes e nas consequências do empenhamento dos trabalhadores em geral. Indica que o envolvimento em si é uma unidade crítica de análise do modelo.

O termo empenhamento dos trabalhadores refere-se ao estado cognitivo, emocional e físico dos trabalhadores, que é influenciado por determinados antecedentes. Do mesmo modo, Schaufeli et al, (2002) identificaram o empenhamento como um estado de espírito positivo, gratificante e relacionado com o trabalho, caracterizado por vigor, dedicação e absorção. Este estado físico, cognitivo e emocional de empenhamento traduz-se em resultados favoráveis, de tal forma que, quando empenhados, os trabalhadores se exprimem cognitiva, emocional e comportamentalmente.

Há nove variáveis que permitem compreender os antecedentes e os resultados dos construtos que constituem um modelo abrangente de empenhamento. As variáveis antecedentes são: conceção e caraterísticas do posto de trabalho, relações com o supervisor e os colegas de trabalho, ambiente de trabalho e práticas de DRH. O empenhamento dos trabalhadores está relacionado com três grandes resultados organizacionais: desempenho profissional, intenções de rotação e comportamento de cidadania organizacional. Kahn (1990) sustentou que a segurança psicológica de uma pessoa, que se refere à sua sensação de poder mostrar e fazer coisas sem receio de perder a reputação, o estatuto ou a carreira, é grandemente influenciada pelas suas relações interpessoais, dinâmicas de grupo e intergrupais, bem como pelo estilo e processo de gestão.

A condição psicológica de segurança, por sua vez, aumenta o nível de empenhamento dos trabalhadores. As relações de apoio entre colegas de trabalho e supervisores foram positivamente associadas à segurança psicológica e ao empenhamento. A segurança psicológica pode ser reforçada quando as relações interpessoais de um trabalhador com os seus colegas e supervisores são de apoio e de confiança. Deve existir um ambiente de flexibilidade em que os trabalhadores sejam encorajados a tentar e, eventualmente, a falhar sem recear as consequências. Os trabalhadores devem poder exprimir as suas ideias e ser encorajados a sentir que as críticas de que são alvo são construtivas e não destrutivas. O apoio organizacional percebido prevê o empenhamento no trabalho e na organização.

Uma razão que pode explicar esta relação positiva é a norma da reciprocidade, que se refere à medida em que os trabalhadores são susceptíveis de responder ao apoio e aos cuidados da organização, tentando ter um bom desempenho nos seus deveres e responsabilidades no trabalho. São evidentes vários elementos sobrepostos entre a categoria ambiente de trabalho e as relações com o supervisor e os colegas de trabalho, que realçam a interação que ocorre entre os indivíduos e o ambiente, que é composto por outros elementos para além das meras relações humanas. O modelo de Dubin para o envolvimento dos trabalhadores identificou uma ligação entre o apoio dos colegas de trabalho e o apoio do supervisor e o envolvimento dos trabalhadores. O modelo é ilustrado na figura 1.1.

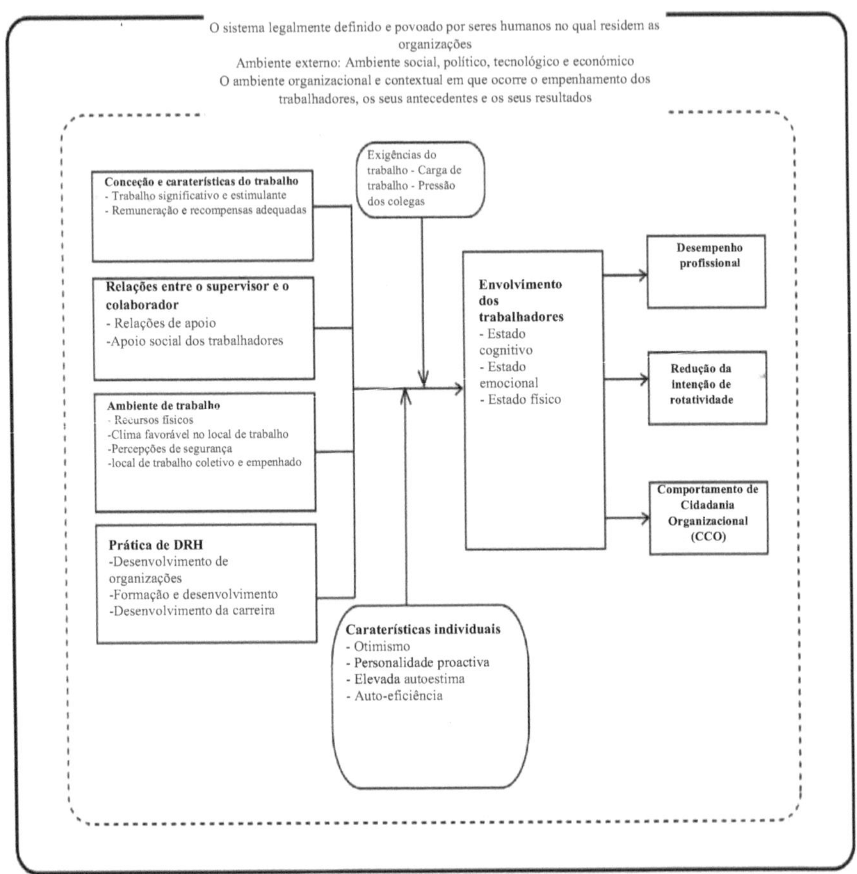

Figura 1. 1: Modelo de Dubin para o empenhamento dos trabalhadores (Dubin, 1978)
Pirâmide de noivado castanha Andrews

Brown (2005) considera o empenhamento como uma combinação progressiva de satisfação, motivação, empenhamento e defesa resultante da subida dos trabalhadores na pirâmide do empenhamento. Tal como indicado no modelo de Andrews Brown, a satisfação situa-se no nível mais baixo e é a mais passiva das medidas de empenhamento, ou seja, é o que leva os trabalhadores a aparecerem para trabalhar. É o nível de base do contentamento dos trabalhadores e inclui factores como: se os trabalhadores conseguem ou não fazer o seu trabalho; até que ponto estão satisfeitos com o seu salário; e até que ponto gostam do seu ambiente de trabalho. Isto significa que, a este nível, os trabalhadores não têm qualquer desejo real de fazer um esforço adicional (Albrecht, 2012).

A motivação é o entusiasmo que os trabalhadores sentem pelo seu trabalho e o desejo de se destacarem no mesmo. Um trabalhador motivado quererá fazer um esforço suplementar no desempenho do seu trabalho. Enquanto a motivação funciona a nível individual, os trabalhadores empenhados tornam-se embaixadores positivos das suas empresas. A promoção é a verdadeira medida e mostra o nível de proactividade dos trabalhadores ao falarem da empresa para a qual trabalham, bem como dos produtos/serviços que oferecem.

Se uma empresa conseguir defender o seu ponto de vista, colherá os frutos tanto em termos de vendas como de recrutamento. Trata-se de publicidade gratuita e proveniente das fontes mais credíveis. Finalmente, vemos que o empenho é a combinação de todos os factores anteriores. Um trabalhador empenhado está satisfeito, motivado, empenhado e é um defensor da sua empresa e do que ela produz. O modelo permite distinguir claramente o empenhamento dos trabalhadores de outros conceitos como a satisfação, a motivação, o empenhamento e a defesa dos interesses dos trabalhadores. O modelo é ilustrado na figura 1.2.

Figura 1. 2: Pirâmide de envolvimento de Andrews Brown (Brown, 2005)
Modelo de envolvimento dos trabalhadores da Anitha

Constituído por colegas e supervisores, políticas e procedimentos organizacionais, recursos físicos e outros elementos intangíveis, como o clima de trabalho favorável e os níveis de segurança percepcionados, o ambiente no local de trabalho é essencial para ter trabalhadores empenhados (Shuck et al, 2010). Os trabalhadores precisam de dispor de recursos físicos, psicológicos, sociais e organizacionais adequados que lhes permitam reduzir as exigências do seu trabalho, funcionar eficazmente na sua função e estimular o seu próprio desenvolvimento pessoal.

O ambiente de trabalho é um dos factores significativos que determinam o nível de empenho de um trabalhador. As chefias que promovem um ambiente de trabalho favorável demonstram normalmente preocupação com as necessidades e os sentimentos dos trabalhadores, dão-lhes feedback positivo e incentivam-nos a exprimir as suas preocupações, a desenvolver novas competências e a resolver problemas relacionados com o trabalho. Por conseguinte, um ambiente de trabalho significativo que ajude os trabalhadores a concentrarem-se no trabalho e na harmonia interpessoal é um fator determinante do empenho dos trabalhadores.

A liderança é o segundo critério principal identificado como um fator fundamental para informar o envolvimento dos trabalhadores. A liderança eficaz é uma construção multidimensional de ordem superior que inclui a auto-consciência, o processamento equilibrado da informação, a transparência relacional e normas morais interiorizadas. O empenhamento ocorre naturalmente quando os líderes são inspiradores. Os líderes são responsáveis por comunicar que os esforços dos empregados desempenham um papel importante no sucesso global da empresa. Quando o trabalho dos empregados é considerado importante e significativo, isso leva obviamente ao seu interesse e empenhamento. Teoriza-se que uma liderança autêntica e solidária tem impacto no envolvimento dos seguidores dos trabalhadores, no sentido de aumentar o seu envolvimento, satisfação e entusiasmo pelo trabalho. O fator de liderança que foi medido incluía indicadores de liderança eficaz e apoio percebido do supervisor.

A relação entre a equipa e os colegas de trabalho é outro aspeto que realça explicitamente o aspeto da harmonia interpessoal do empenho dos trabalhadores. Relações interpessoais de apoio e confiança, bem como uma equipa solidária, promovem o empenho dos trabalhadores. Um ambiente aberto e solidário é essencial para que os trabalhadores se sintam seguros no local de trabalho e se empenhem totalmente nas suas responsabilidades. Os ambientes de apoio permitem que os membros experimentem e tentem coisas novas e até falhem sem medo das consequências.

May et al (2004) concluíram que as relações no local de trabalho têm um impacto significativo no significado. Uma das componentes do envolvimento é que os indivíduos que têm interações interpessoais positivas com os seus colegas de trabalho também experimentam um maior significado no seu trabalho. Assim, se o trabalhador tiver boas relações com os seus colegas de trabalho, espera-se que o seu empenhamento no trabalho seja elevado.

A formação e a progressão na carreira é outra dimensão importante a ter em conta no processo de envolvimento dos trabalhadores, uma vez que ajuda os trabalhadores a concentrarem-se numa dimensão de trabalho específica. A formação melhora a precisão do serviço e, por conseguinte, tem impacto no desempenho do serviço e no envolvimento dos trabalhadores. Quando os trabalhadores são submetidos a programas de formação e de desenvolvimento da aprendizagem, a sua confiança na formação aumenta e motiva-os a empenharem-se mais no seu trabalho. Quando uma organização oferece aos empregados uma oportunidade de crescimento, isso equivale a recompensar as pessoas. A gestão deve dar importância à progressão na carreira através da formação e do desenvolvimento, o que conduzirá a oportunidades atempadas de crescimento e desenvolvimento. Isto melhora automaticamente o nível de empenhamento.

A compensação ou remuneração é um atributo indispensável para o empenhamento dos trabalhadores, que os motiva a alcançar mais objectivos e, consequentemente, a concentrarem-se mais no trabalho e no desenvolvimento pessoal. Envolve recompensas financeiras e não financeiras. Uma remuneração atractiva inclui uma combinação de salário, bónus, outras recompensas financeiras, bem como recompensas não financeiras, como férias extra e esquemas de vales. A investigação revela que o reconhecimento e as recompensas são antecedentes significativos do empenhamento dos trabalhadores. Quando os trabalhadores recebem recompensas e reconhecimento da sua organização, sentir-se-ão obrigados a responder com níveis mais elevados de empenhamento.

O nível de empenhamento dos trabalhadores é função da sua perceção dos benefícios que recebem. Por conseguinte, independentemente da quantidade ou do tipo de recompensa, é a perceção que o trabalhador tem da mesma que determina o seu conteúdo e, consequentemente, o seu empenhamento no trabalho. Torna-se essencial que os gestores apresentem padrões aceitáveis de remuneração e reconhecimento para os seus trabalhadores, se quiserem alcançar um elevado nível de empenhamento (Anitha, 2014).

As políticas, os procedimentos, as estruturas e os sistemas organizacionais decidem até que ponto os trabalhadores estão empenhados numa organização. A investigação anterior revelou que as políticas e os procedimentos organizacionais amigáveis são extremamente importantes para o envolvimento dos trabalhadores e para a eventual realização dos objectivos empresariais. As políticas e os procedimentos importantes podem incluir o recrutamento e a seleção justos, o horário flexível, a ajuda para equilibrar o trabalho e a vida pessoal e as políticas de promoção justas. A política de recrutamento de uma organização tem um impacto direto no empenho e compromisso dos futuros trabalhadores. As políticas flexíveis de uma organização em matéria de vida profissional e familiar têm um impacto positivo notável no empenhamento dos trabalhadores. Nunca é demais sublinhar a importância das políticas e dos procedimentos organizacionais que melhor apoiam os acordos de trabalho flexíveis que ajudam a equilibrar os ambientes de trabalho e de casa dos empregados; as organizações que têm esses acordos têm mais probabilidades de ter empregados empenhados. O bem-estar no local de trabalho é uma medida holística que aumenta o empenhamento dos trabalhadores. Os dados da Gallup sugerem que não existe uma métrica que capte mais variações no comportamento humano do que o bem-estar.

O bem-estar é definido como "todas as coisas que são importantes para a forma como pensamos e vivemos as nossas vidas" e, por conseguinte, o bem-estar torna-se a medida mais importante para avaliar a influência que uma organização tem sobre os trabalhadores. A importância do bem-estar é ainda reforçada pelo facto de o fator mais importante do envolvimento ser o interesse da gestão de topo pelo bem-estar dos trabalhadores. A perceção do apoio da organização está incluída na variável. Os factores que facilitam as dimensões do envolvimento dos trabalhadores são determinantes válidos do envolvimento dos trabalhadores. O modelo identificou factores importantes nas políticas de equilíbrio entre a vida profissional e pessoal que influenciam o envolvimento dos trabalhadores. Estes factores estão representados na Figura 1.3.

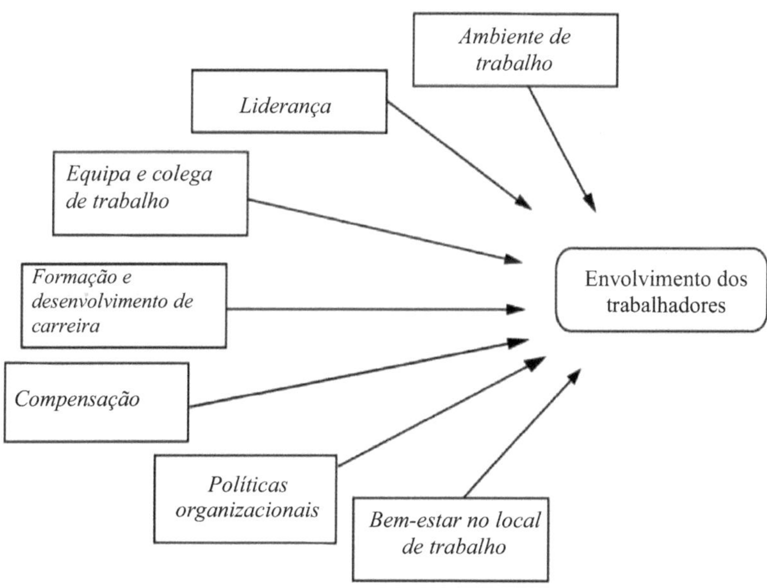

Figura 1. 3: Modelo de envolvimento dos trabalhadores de Anitha (Anitha, 2014)

Modelo Carnegie Value of the Immediate Supervisor

O modelo do valor do supervisor imediato apresenta a relação entre o apoio do supervisor e o empenhamento dos trabalhadores. Identifica o apoio do supervisor como um fator de envolvimento dos trabalhadores. Carnegie (2012) efectuou um estudo a nível nacional sobre 1500 trabalhadores de vários sectores para explorar o empenho no local de trabalho. Descobriu que, embora existam vários factores que afectam o empenho, as relações pessoais entre um gestor e os seus subordinados diretos são as mais influentes.

No estudo, o apoio do supervisor foi conceptualizado como liderança de apoio (obter o apoio certo dos supervisores, respeito e tratamento dos trabalhadores por parte dos gestores de linha) e feedback sobre o desempenho profissional (estilo de comunicação dos gestores de topo e feedback regular sobre o desempenho profissional). Este modelo contribuiu para o campo de estudo do envolvimento dos trabalhadores ao identificar o comportamento do supervisor de apoio à família que influencia direta ou indiretamente o envolvimento dos trabalhadores. Carnegie (2012) apresentou o papel do supervisor no reforço do empenhamento dos trabalhadores, no modelo da Figura 1.4.

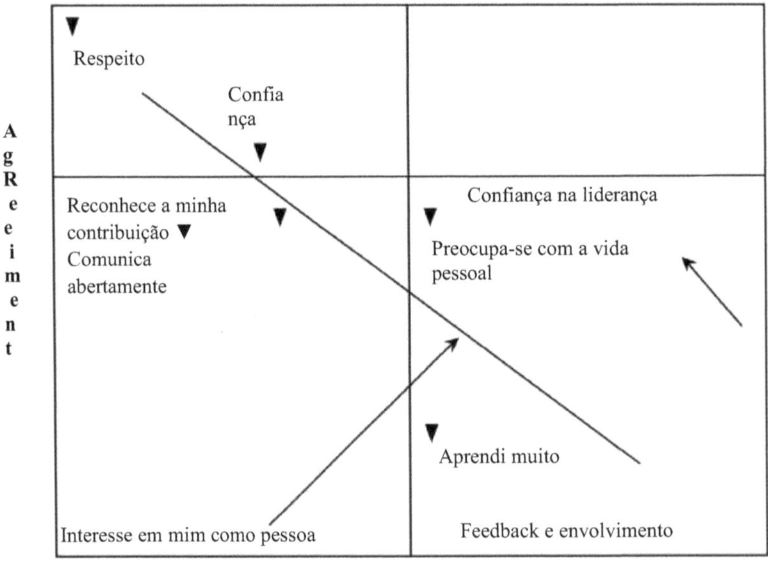

Figura 1. 4: O valor do supervisor imediato (Carnegie, 2012)

Modelo de factores de envolvimento da Hewitt

Outra premissa fundamental do modelo de compromisso é que os factores de compromisso estão inter-relacionados; não funcionam isoladamente. Uma análise do modelo descreve as práticas empresariais (cultura) e a qualidade de vida (equilíbrio) como os factores que determinam o empenho dos trabalhadores. Os empregadores podem compreender como satisfazer as necessidades dos seus trabalhadores e concentrar-se nas áreas específicas de melhoria que têm maior impacto no empenhamento e nos resultados da empresa. Por conseguinte, as políticas da empresa desempenham um papel importante no apoio ao envolvimento dos trabalhadores, uma vez que orientam as decisões dos gestores e a forma como as equipas da organização se relacionam entre si. Hewitt (2012) define o empenhamento como o estado de envolvimento emocional e intelectual que ajuda os trabalhadores a darem o seu melhor no trabalho. O modelo de Hewitt examina tanto o estado de empenhamento do indivíduo como os antecedentes organizacionais. Este modelo de envolvimento dos colaboradores foi testado e validado por mais de 15 anos de investigação em psicologia organizacional numa variedade de empresas e indústrias na Ásia, Pacífico, Europa, América Latina e América do Norte. Os comportamentos que os colaboradores empenhados demonstram conduzem a resultados positivos nos principais factores de negócio, tais como: satisfação do cliente; aumento das vendas e outros comportamentos positivos extra-papel.

A investigação de Hewitt (2012) demonstrou repetidamente que os trabalhadores altamente empenhados demonstram melhor qualidade e eficiência em comparação com os trabalhadores que estão ativamente desmotivados. De acordo com o modelo de envolvimento da Hewitt, compreender o nível de envolvimento de uma organização é de pouco valor sem saber quais as acções mais eficazes para aumentar o envolvimento. Esta é uma parte fundamental do modelo de compromisso da Hewitt, uma vez que identifica seis grandes factores de compromisso, que incluem: qualidade de vida, trabalho, pessoas, oportunidades, recompensa total e práticas da empresa.

O modelo de compromisso vai para além da medição da satisfação das pessoas com cada um destes factores. Dá prioridade às áreas a melhorar com base no seu potencial impacto e desempenho de base. O modelo identificou os principais componentes da cultura empresarial que influenciam direta ou indiretamente o empenho dos trabalhadores. Estes componentes estão representados na Figura 1.5.

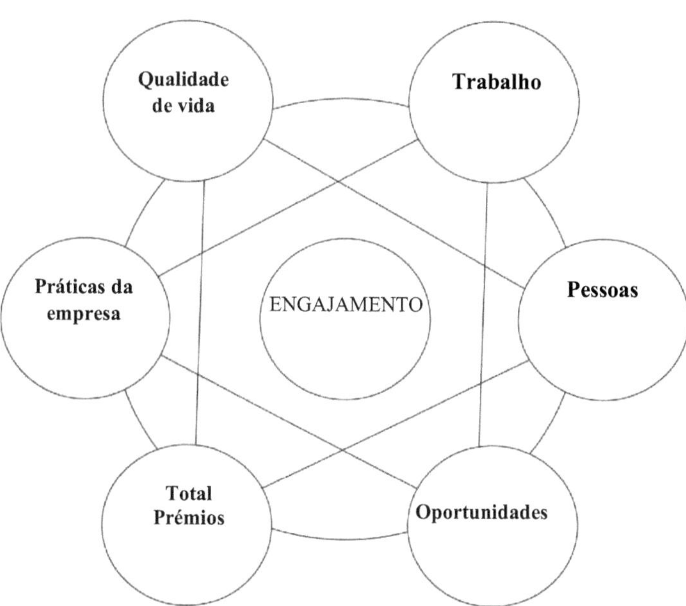

Figura 1. 5: Modelo de factores de envolvimento da Hewitt (Hewitt, 2012)

O modelo exigências do trabalho-recursos (Bakker & Demerouti, 2008)

De acordo com o modelo exigências-recursos do posto de trabalho da Figura 1.6, as caraterísticas do posto de trabalho podem ser definidas em duas grandes categorias: exigências do posto de trabalho e recursos do posto de trabalho. As exigências do posto de trabalho referem-se aos aspectos do contexto de trabalho que afectam a capacidade individual dos trabalhadores e têm custos psicológicos e/ou físicos. A categoria das exigências do posto de trabalho inclui caraterísticas do posto de trabalho como: interrupções de tarefas, carga de trabalho, interferência trabalho-casa, mudanças organizacionais e dissonância emocional. Por outro lado, os recursos do posto de trabalho referem-se a aspectos físicos, psicológicos, sociais ou organizacionais do contexto de trabalho que: i) podem reduzir o impacto prejudicial para a saúde das exigências do posto de trabalho; ii) são funcionais para atingir os objectivos do trabalho; e iii) estimulam o crescimento pessoal, o desenvolvimento e a aprendizagem. De acordo com o modelo Job Demand-Resources (JD-R), a categoria dos recursos do trabalho inclui caraterísticas como: oportunidades de utilização de competências, autonomia, apoio do supervisor, feedback do desempenho, recompensas financeiras e oportunidades de carreira (Van den Broeck et al, 2008).

Os estudiosos que adoptam a abordagem "exigências do trabalho-recursos" para compreender o empenho defendem normalmente que as exigências do trabalho influenciam a força das relações entre os recursos do trabalho (autonomia, feedback e apoio) e o empenho. As exigências do trabalho referem-se a factores físicos, psicológicos, sociais ou organizacionais que requerem um esforço "físico e psicológico sustentado" por parte dos trabalhadores e que, por conseguinte, se pensa estarem associados a determinados custos fisiológicos ou psicológicos.

Além disso, as exigências do trabalho, como a sobrecarga emocional e as expectativas elevadas, podem ser fortes preditores do esgotamento. Embora as exigências do trabalho não sejam necessariamente negativas, podem transformar-se em "factores de stress" se exigirem que os trabalhadores invistam demasiado esforço e se a tentativa de satisfazer essas exigências estiver associada a resultados negativos como a ansiedade, o esgotamento ou mesmo a depressão (Bakker & Schaufeli, 2008). Este modelo identificou várias caraterísticas do posto de trabalho que influenciam direta ou indiretamente a relação entre o equilíbrio entre a vida profissional e familiar e o empenho dos trabalhadores. O modelo é ilustrado na Figura 1.6.

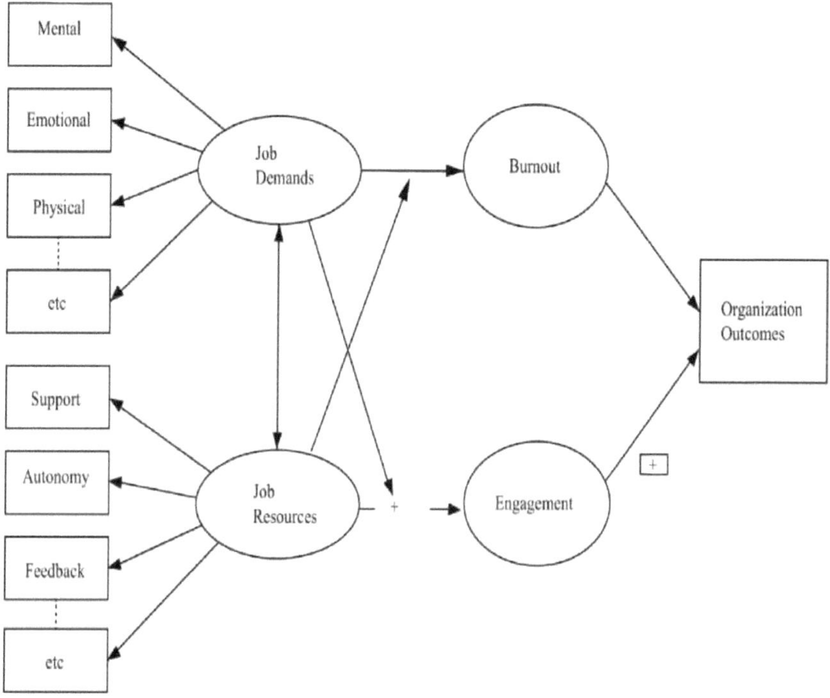

Figura 1. 6: O modelo exigências do trabalho-recursos (Bakker & Demerouti, 2008)

Lição
Um líder deve ser um facilitador

A importância da liderança não é tão apreciada como deveria ser. O Mateus sempre foi uma pessoa ambiciosa e com grande capacidade de superação. Formou-se como orador da escola secundária e da universidade, onde foi capitão da equipa de futebol da escola. Tem um Mestrado em Análise de Marketing e um Doutoramento em Desenvolvimento de Pesquisa de Mercado; é um dos profissionais mais jovens a ter ido tão longe na sua formação. É autor e publicou muitos artigos profissionais em publicações de referência sobre vários aspectos da análise de mercado.

Ele é um brilhante analista de mercado autodidata com uma propensão para a liderança. No entanto, a visão que Mateus tinha da liderança era unilateral. Ele achava que tinha direito a um papel de liderança porque as suas competências e conhecimentos eram "avançados e superiores" aos dos seus pares. Considerava que o conceito de trabalhar *com os* empregados e não sobre eles era humilhante e fraco. Este ponto de vista impediu o seu crescimento profissional, na medida em que, durante os breves períodos em que trabalhou como chefe de equipa desde que concluiu os estudos, os seus colegas consideraram-no difícil de trabalhar. Matthew trabalha como consultor independente há 4 anos.

O Mateus foi recentemente nomeado supervisor responsável pela supervisão de uma equipa de uma dúzia de analistas de mercado de uma empresa regional em crescimento.

A exatidão exigida para a produção do trabalho era tão elevada que o Mateus não permitia qualquer margem para erros ou enganos. Acreditava que qualquer entrega que não fosse perfeita não passava de preguiça. Encontrava frequentemente "problemas" nas tarefas entregues pela sua equipa e sentia a necessidade de vigiar todos os aspectos do seu trabalho, microgerindo todos os movimentos da sua equipa. A sua opinião sobre a sua equipa era que lhes faltava iniciativa e inovação. Muitas vezes, sentia que a única forma de o trabalho da equipa atingir os padrões estabelecidos a 100% era se fosse ele a fazê-lo. Certificava-se de que todos os relatórios e tarefas lhe eram entregues pessoalmente para revisão antes de serem introduzidos no sistema. Quaisquer erros eram severamente apontados e tratados por Matthew em frente de toda a equipa. Se ele permitisse aos seus subordinados um certo nível de discrição e se concentrasse nas lições aprendidas após cada erro, então Mateus e a sua equipa conseguiriam muito mais. Sentia-se frequentemente cansado e esgotado, mas não podia deixar transparecer o seu cansaço perante a equipa, porque sentia que tinha de mostrar força e firmeza continuamente.

A equipa de Matthew é composta por jovens profissionais altamente qualificados, todos eles formados em escolas de topo com especializações em análise de mercado. Todos os membros da equipa foram contratados no prazo de cinco anos após a abertura da empresa. Todos eles têm um conhecimento e uma experiência consideráveis sobre o que a empresa representa, o que planeia alcançar e como funciona. Com o seu anterior supervisor, a equipa tinha desfrutado de um ambiente de trabalho familiar, com mais liberdade e flexibilidade para sugerir novas ideias e ser criativa na procura de soluções. Antes de Matthew se juntar a eles, a equipa desfrutava de uma camaradagem fácil, trabalhando de forma companheira e solidária. Faziam frequentemente jantares depois do trabalho e planeavam escapadelas de fim de semana juntos. Havia poucos desacordos e o seu trabalho era da mais alta qualidade e volume.

Desde que o Mateus se juntou à equipa, os analistas de mercado sentiram uma pressão implacável para atingir a perfeição. Sob o peso do seu estilo de microgestão, os analistas tornaram-se cada vez mais distantes uns dos outros e do seu trabalho, fazendo apenas o que era exigido sem se esforçarem por fazer mais. Não conseguiam perceber porque é que se deviam esforçar mais quando o que tinham feito até então não era reconhecido nem apreciado. As disputas e as desconfianças aumentaram entre eles, chegando mesmo a haver pancadaria entre dois jovens quando um deles foi acusado de ter cometido um erro grave no seu relatório, pelo qual culpou o outro. Um membro da equipa já se tinha demitido e alguns outros estavam à beira do abismo. Os restantes membros da equipa sofriam uma enxurrada constante de queixas e de reacções negativas de Matthew sobre o seu "mau" desempenho.

A chefe de Mateus, Sheila, estava muitas vezes ocupada com clientes e viagens de negócios, mas não deixou de notar a mudança na equipa de Mateus. Ela conhecia cada um dos jovens analistas de mercado que se tinham juntado à sua empresa nos últimos anos e admirava muito a sua energia e ambição. Não conseguia perceber porque é que, de repente, pareciam pouco entusiasmados e porque é que o seu rendimento tinha diminuído. Tomou a iniciativa de observar Mateus e a sua equipa mais de perto e ficou triste quando viu a evolução negativa. Um dia, chamou o Mateus ao seu gabinete e perguntou-lhe o que se passava. O Mateus falou-lhe da ineficácia da sua equipa e de como esta falhava nas tarefas mais simples. Queixou-se de se sentir sobrecarregado por ter de acompanhar de perto todos os seus movimentos e sentiu que a equipa era prejudicial ao crescimento da empresa. Sheila ouviu os pontos de vista de Mateus e pediu-lhe que tentasse encontrar uma forma de desenvolver a sua equipa para que pudessem trabalhar mais eficazmente. Ela valorizava muito as suas competências e conhecimentos em análise de mercado e sentia que ele era um ativo fundamental para a empresa, pelo que não queria tirar conclusões precipitadas. Mandou-o regressar ao seu gabinete e continuou o seu dia, mas a situação continuava a incomodá-la. Continuou a observar o Mateus e a sua equipa, mas a situação não melhorou. Passadas duas semanas, outro membro da equipa levou a sua carta de demissão diretamente a Sheila e ela só conseguiu convencê-lo a ficar enquanto pensava no que fazer.

Sheila partilhou o seu dilema com um amigo próximo que lhe sugeriu que procurasse formação e coaching para toda a sua equipa. Sheila gostou da ideia e decidiu investigar o assunto. Trabalhou em conjunto com o seu departamento de RH para formular e implementar uma estrutura de formação e coaching para a empresa. A estrutura foi concebida de forma a abordar equipas e estilos de liderança desconexos. Estava ligada à estratégia empresarial global da empresa e mostrava claramente como a resolução dos problemas de sinergia interna iria impulsionar o crescimento e o sucesso da empresa.

O Mateus nunca tinha estado numa posição suficientemente longa para receber formação profissional e nunca tinha ouvido falar de coaching. Inicialmente, mostrou-se muito cético e achou que não precisava de qualquer intervenção, resistindo aos esforços da empresa para desenvolver a sua própria intervenção. No entanto, uma vez que a nova estrutura foi incorporada no sistema de avaliação de desempenho da empresa, Matthew não teve outra escolha senão obedecer. Mal sabia ele que isso iria mudar a sua vida para sempre. O coaching foi um abrir de olhos para o Mateus. Através dele, começou a aprender mais sobre a sua personalidade, o seu estilo de gestão e o impacto negativo que tinha nas suas relações e no trabalho com os seus colegas e a sua equipa. Começou a encontrar soluções e métodos para ser um melhor gestor. Através dos programas de formação da empresa, aprendeu as chaves para uma gestão bem sucedida, incluindo aprender a confiar na sua equipa mais do que capaz, ouvir as suas preocupações, motivá-la e inspirá-la a crescer profissional e pessoalmente; dar-lhes poder, permitindo-lhes encontrar as suas próprias soluções e tomar decisões. O Matthew foi trabalhar com uma perspetiva diferente e não perdeu tempo a implementar um estilo de gestão diferente. Para surpresa da sua equipa, Matthew deu uma reviravolta completa e começou a trabalhar com a sua equipa, em vez de a microgerir. A sua equipa aprendeu gradualmente a confiar em Mateus e recuperou um vigor renovado para o seu trabalho. Num curto espaço de tempo, a sua equipa foi reconhecida como tendo a melhor qualidade de trabalho e contribuição comercial da empresa. A sua equipa tornou-se motivada, enérgica e empenhada. Em conjunto, o Mateus e a sua equipa excederam as expectativas da empresa e alcançaram muito mais do que qualquer um tinha previsto.

Diz-se que as pessoas seguem os líderes que as lideram. O que se coloca como líder é o que se vai colher. Um estilo de liderança que microgerencia em vez de capacitar os empregados inibe o sentido de objetivo e valor de um empregado. Sentem-se indesejados, subvalorizados e, pior do que tudo, com medo. Um empregado que tem medo de ir trabalhar e fazer a sua parte por receio de ser intensamente repreendido por erros e fracassos não se aplicará. Esse medo pode levá-lo a ser demasiado cauteloso e, involuntariamente, a cometer erros maiores por falta de confiança nas suas capacidades para ter um bom desempenho.

Um estilo de liderança apoiante e facilitador é imperativo para o envolvimento e bem-estar dos empregados. Dar e investir nas capacidades e conhecimentos dos empregados garante que estes retribuirão à organização de forma mais livre e voluntária.

Capítulo 3
POLÍTICAS DO LOCAL DE TRABALHO
Definição das políticas do local de trabalho

Uma política é uma declaração que define a forma como as questões de gestão de recursos humanos serão tratadas numa organização. Comunica os valores e as expectativas da organização relativamente ao comportamento e desempenho dos trabalhadores. As políticas do local de trabalho reforçam e clarificam frequentemente o procedimento operacional normalizado num local de trabalho. Políticas bem escritas ajudam os empregadores a gerir o pessoal de forma mais eficaz, definindo claramente o comportamento aceitável e inaceitável no local de trabalho e estabelecendo as implicações do não cumprimento dessas políticas.

Uma política a nível do local de trabalho consiste numa declaração de objectivos e numa ou mais orientações gerais sobre as medidas a tomar para atingir esses objectivos. A declaração de objectivos deve ser redigida em termos simples, sem jargão. A extensão da política pode variar consoante a questão que aborda. Uma política pode permitir discrição na sua implementação e a base dessa discrição deve ser declarada como parte da política. Uma política pode também ser necessária quando existe uma diversidade de interesses e preferências, o que poderia resultar em objectivos vagos e contraditórios entre os que estão diretamente envolvidos. Nem todas as questões relacionadas com o local de trabalho exigem uma política. Muitas questões de rotina podem ser tratadas através da adoção de procedimentos e processos simples no local de trabalho.

Benefícios das políticas do local de trabalho

Políticas bem redigidas no local de trabalho:

* São coerentes com os valores da organização
* Cumprir a legislação laboral e outra legislação conexa
* Demonstrar que a organização está a ser gerida de forma eficiente e profissional
* Assegurar a uniformidade e a coerência dos processos de decisão e dos procedimentos operacionais
* Reforçar a posição do pessoal quando surgem possíveis acções judiciais
* Poupar tempo quando um novo problema pode ser tratado rápida e eficazmente através de uma política existente
* Promover a estabilidade e a continuidade
* Manter a direção da organização mesmo em períodos de mudança
* fornecer o enquadramento para o planeamento empresarial
* Ajudar a avaliar o desempenho e a estabelecer a responsabilidade
* Clarificar funções e responsabilidades.

As políticas também têm de ser revistas regularmente e actualizadas sempre que necessário. Por exemplo, se houver uma alteração nos procedimentos do local de trabalho, a organização poderá ter de alterar a política atual ou desenvolver uma nova.

O papel das políticas do local de trabalho no reforço do empenhamento dos trabalhadores

Ao longo da última década, as provas dos benefícios empresariais das políticas de equilíbrio entre a vida profissional e a vida familiar têm vindo a aumentar em volume e força. Os estudos mostram fortes ligações entre as políticas de equilíbrio entre a vida profissional e a vida familiar, o aumento da produtividade e a satisfação no trabalho. Outros benefícios incluem: melhores taxas de recrutamento e de retenção, redução da utilização de baixas por doença, redução do stress dos trabalhadores, melhoria da satisfação dos trabalhadores e melhoria da imagem da empresa. Os locais de trabalho que apresentam melhores resultados em várias dimensões são os que têm "práticas de gestão de elevados compromissos" bem integradas no processo de trabalho e onde uma grande parte dos trabalhadores se sente empenhada na organização.

Os profissionais das empresas e dos recursos humanos (RH) também reconhecem a necessidade de alinhar o equilíbrio entre a vida profissional e a vida privada com um enfoque mais amplo e estratégico na promoção do empenho dos empregados. Os acordos de trabalho flexíveis, o teletrabalho e uma variedade de programas de apoio à família e de bem-estar são mais frequentemente integrados e alinhados com os objectivos da empresa. Além disso, os investigadores descobriram que a cultura organizacional e o apoio da supervisão são factores-chave para melhorar a implementação eficaz das políticas de equilíbrio entre a vida profissional e a vida privada (Stock-Homburg & Bauer, 2007).

Uma investigação empírica efectuada por Anitha (2014) estabeleceu uma ligação entre as políticas de conciliação da vida profissional e pessoal e o empenho dos trabalhadores. Anitha sugeriu ainda que as cinco dimensões seguintes estão subjacentes a este aspeto da vida organizacional: falta de apoio da gestão ao equilíbrio entre a vida profissional e a vida pessoal; percepções de consequências negativas para a carreira; expectativas organizacionais de tempo; a natureza de género da utilização das políticas; e percepções de injustiça por parte dos trabalhadores com responsabilidades limitadas fora do trabalho. Foram identificados três tipos principais de políticas relativas à vida profissional e familiar para ajudar os trabalhadores a equilibrar a sua vida profissional e a vida não profissional. São eles:

- Opções de trabalho flexíveis (trabalho a tempo parcial, horários flexíveis).
- Políticas de licença especializadas (licença parental, regimes de interrupção de carreira).
- Prestações de cuidados a dependentes (cuidados infantis subsidiados, encaminhamento para cuidados infantis).

De acordo com a European Diversity Research & Consulting, os programas de equilíbrio entre a vida profissional e a vida privada mais frequentemente implementados na Europa são: Trabalho a tempo parcial (97,4%), horários de início e fim flexíveis (94,8%), horários de pausa flexíveis (93,0%), controlos de saúde (81,8%), seminários (80,9%) e teletrabalho (76,5%). As políticas de conciliação entre a vida profissional e a vida familiar em França também estão muito bem desenvolvidas. Aybars (2007) sugere que, juntamente com a Dinamarca, a França é um dos países pioneiros na adoção de medidas favoráveis à família. No Japão, a combinação de uma força de trabalho em envelhecimento e de uma taxa de natalidade em queda levou o país a incentivar o estabelecimento de práticas flexíveis de equilíbrio entre a vida profissional e a vida familiar (Cole et al, 2006). Yamamoto (2012) inferiu que as empresas japonesas podem beneficiar das práticas de equilíbrio entre vida profissional e familiar através de uma diminuição da rotatividade ou de um aumento da eficácia do recrutamento que, por sua vez, aumenta a produtividade dos trabalhadores. As PAM são regras formalmente concebidas e comunicadas sobre o equilíbrio entre a vida profissional e a vida privada que são aplicadas na organização (Poelmans et al, 2003). Quando as organizações oferecem várias políticas e práticas de equilíbrio entre a vida profissional e a vida familiar (PBCV), são consideradas como apoiantes da família (Susaeta et al, 2011). A disponibilidade de WLBPs pode criar uma sensação de segurança para os funcionários de que a sua organização/empregador se preocupa com o seu bem-estar familiar. Por conseguinte, podemos concluir que as políticas de apoio à família no local de trabalho aumentam significativamente o envolvimento dos trabalhadores, o que, por sua vez, melhora a produtividade na organização.

Lição
O lugar das políticas do local de trabalho

Um estudo realizado sobre a relação entre o equilíbrio entre a vida profissional e familiar e o empenho dos trabalhadores em 20 empresas públicas no Quénia concluiu que as políticas do local de trabalho são o fator menos importante para o empenho dos trabalhadores, uma vez que só podem ser eficazes se existir uma equipa de trabalhadores que os apoie, uma cultura empresarial favorável à família e supervisores que os apoiem numa organização.

Vejamos o caso de uma fábrica situada no coração do centro da cidade de Nairobi. A fábrica era conhecida entre outras empresas de produção por ter as operações mais eficientes do Quénia. Dispunham sempre de um stock de qualidade prontamente disponível para satisfazer a procura a nível grossista e retalhista. A direção tinha estabelecido diretrizes e instruções rigorosas para os seus trabalhadores seguirem quando operavam máquinas e embalavam produtos para entrega. Os trabalhadores da fábrica trabalhavam por turnos segundo um horário rigoroso que assegurava a fluidez e a eficácia das operações. Qualquer desvio a estas diretrizes resultava numa suspensão incondicional e, em alguns casos, na rescisão do contrato de trabalho. A direção não tolerava qualquer margem para erros. A equipa de gestão sénior da fábrica insistia em que os trabalhadores seguissem o protocolo à letra, numa tentativa de garantir operações eficientes e uma força de trabalho segura. Embora as suas intenções fossem boas, os seus métodos não favoreciam o trabalho em equipa.

As políticas rigorosas fomentaram uma cultura de medo no seio da força de trabalho e levaram os trabalhadores a ficarem sozinhos, em vez de trabalharem em equipa e de se apoiarem mutuamente, uma vez que ninguém queria assumir a responsabilidade pelas acções ou erros dos outros. Não havia praticamente nenhuma responsabilidade e nenhuma confiança nas equipas. As equipas não trabalhavam em sinergia.

Os quadros superiores pensaram que a única forma de colmatar a falta de unidade no seio da sua força de trabalho era desenvolver políticas que fizessem com que os trabalhadores trabalhassem de forma mais coesa. As novas políticas foram vistas apenas como mais regras que os trabalhadores tinham de seguir. Isto só serviu para criar mais discórdia entre os empregados, pois sentiam que estavam a ser forçados a cumprir.

Os quadros superiores não sabiam o que fazer para mitigar a situação. Tinham ouvido falar de outras organizações que tinham contratado especialistas externos para as ajudarem a resolver desafios internos. Decidiram contratar uma empresa de consultoria de RH para os ajudar a encontrar uma solução. A empresa enviou consultores para observar a força de trabalho e rever as políticas estabelecidas que orientavam as operações da fábrica. Para os ajudar a compreender melhor os pontos de vista dos trabalhadores, a empresa lançou um inquérito de participação para obter um feedback coletivo da força de trabalho. Durante um período de três semanas, a empresa recolheu as reacções dos trabalhadores e compilou-as num relatório exaustivo que mostrava as principais áreas de preocupação enfrentadas pela força de trabalho. Com base nestas conclusões claras, a empresa de consultoria de RH diagnosticou que o problema da fábrica estava no cerne da sua cultura empresarial, que era aplicada pelas políticas existentes no local de trabalho.

A partir do relatório sobre o envolvimento dos trabalhadores, a direção percebeu que, apesar de as políticas existentes no local de trabalho serem eficazes para as operações de trabalho, não atendiam adequadamente ao bem-estar da sua força de trabalho. A direção levou o relatório a peito e remodelou as políticas existentes para integrar políticas que respondessem às necessidades dos trabalhadores; equilíbrio entre a vida profissional e a vida privada para permitir que os trabalhadores descansassem das pressões e exigências das operações da fábrica, programas e actividades que reunissem os trabalhadores para se compreenderem uns aos outros e trabalharem em equipa com os seus supervisores, orientações e medidas justas para gerir litígios no local de trabalho e erros de julgamento, recompensas e benefícios. A direção reformulou a cultura da empresa para criar um ambiente de trabalho mais saudável para a sua força de trabalho. Gradualmente, começaram a ver mudanças nas operações da fábrica, na medida em que os seus empregados estavam mais envolvidos no desempenho da fábrica. Os clientes relataram experiências mais favoráveis ao lidar com uma força de trabalho mais unida.

Uma mudança na cultura da fábrica - alterando os seus métodos para promover o envolvimento dos trabalhadores - ajudou os trabalhadores da fábrica a terem mais confiança, a trabalharem de forma coesa e a confiarem uns nos outros. Gerou um ambiente de trabalho seguro e de apoio, uma sinergia de equipa entre a gestão de topo e a força de trabalho e a responsabilização dos trabalhadores.

As políticas do local de trabalho influenciam fortemente a cultura empresarial de uma organização. Os funcionários normalmente reagem às regras e regulamentos impostos de uma forma que os ajudará a protegerem-se a si próprios e às suas funções numa organização. Para evitar cometerem erros ou perderem os seus empregos, farão o que consideram necessário para se manterem empregados. Ao fundir as políticas do local de trabalho com a estratégia de uma organização, o empregador estará a ajudar os seus empregados a sentirem-se seguros, confiantes e libertos para se aplicarem plenamente ao seu trabalho. O empenhamento dos trabalhadores facilita naturalmente a sua vontade de seguir e implementar as políticas e regras da empresa. Isto só pode funcionar a favor do empregador, uma vez que servirá como um impulso natural para o crescimento e sucesso da organização.

Capítulo 4

APOIO DO SUPERVISOR

Fundamentação do apoio do supervisor

É amplamente reconhecido que o empenhamento dos trabalhadores pode desempenhar um papel especialmente importante na melhoria dos resultados empresariais. Um conjunto considerável de estudos revelou provas de que os trabalhadores empenhados são mais produtivos, mais rentáveis, mais orientados para o cliente e mais leais. As medidas concebidas para desenvolver as relações interpessoais entre os trabalhadores da linha da frente e os seus diretores e supervisores imediatos foram os factores mais importantes para que os trabalhadores se sentissem mais empenhados no trabalho.

Comportamentos específicos dos supervisores e gestores que fazem com que os trabalhadores se sintam valorizados, incluindo esforços para promover boas relações entre eles e os seus colegas de trabalho, o que influenciou positivamente o empenho no trabalho. As boas relações com os supervisores e os colegas de trabalho significavam que os trabalhadores queriam "fazer um esforço suplementar" e que consideravam que vir trabalhar tinha significado e um objetivo - factores importantes para a participação no trabalho.

Os investigadores descobriram que os níveis mais elevados de empenho são observados nos trabalhadores cujas chefias diretas apresentam um comportamento mais orientado para as relações e que os comportamentos de apoio dos supervisores facilitam o empenho (May et al., 2004; Saks 2006). O ambiente imediato do local de trabalho que os trabalhadores vivem todos os dias pode ter o maior impacto no seu empenhamento. Estas conclusões fazem sentido porque as chefias diretas (supervisores) interagem normalmente com os seus empregados diariamente, o que significa que é mais provável que influenciem a experiência que os empregados têm no trabalho devido à sua visibilidade e ao impacto que têm no tempo e nos recursos de um indivíduo. Inevitavelmente, os investigadores também descobriram que o comportamento dos gestores pode ser um fator-chave na criação do desinteresse, especialmente através de um estilo de gestão inconsistente que leva a percepções de injustiça (Maslach et al, 2001).

Como é que o apoio do supervisor aumenta o empenho dos trabalhadores?

A supervisão de apoio à família surgiu como um pré-requisito importante para a integração efectiva da família e o bem-estar dos trabalhadores. Os académicos estão a abordar a necessidade de desenvolver gestores que apoiem a família e introduziram um novo conceito e uma nova medida "Comportamento do supervisor que apoia a família" (FSSB). Até à data, pouca atenção tem sido dada ao processo comportamental subjacente e às caraterísticas de gestão que desencadeiam o comportamento do supervisor de apoio à família. Em resposta, é desenvolvido um quadro concetual multinível que identifica factores de nível individual e de nível contextual que preveem a tendência geral dos gestores para se envolverem em comportamentos de supervisor de apoio à família (Shields & Rangarjan, 2013).

A literatura sobre a vida profissional e familiar salienta a importância de ir além da mera implementação de práticas de trabalho-família, no sentido de uma mudança na cultura organizacional. Um pré-requisito para uma mudança organizacional bem sucedida é uma gestão de apoio com gestores conscientes das questões relacionadas com a vida profissional e familiar. Os gestores, enquanto decisores e supervisores, podem ser agentes de mudança poderosos para tornar os locais de trabalho mais favoráveis à família. Os gestores também podem atuar como guardiões da disponibilidade e da implementação efectiva de iniciativas trabalho-família. Estes agentes são responsáveis por culturas organizacionais informais de apoio. Por conseguinte, têm um poder discricionário considerável sobre os tipos e o nível de apoio familiar que os trabalhadores recebem, independentemente de a organização proporcionar ou não benefícios favoráveis à família.

Estudos anteriores demonstraram que existe uma relação significativa entre a perceção que os trabalhadores têm do apoio do seu supervisor e a sua capacidade de lidar bem com questões profissionais e familiares. Por sua vez, este facto está relacionado com níveis mais baixos de conflitos trabalho-família e de sintomas psicossomáticos, como a ansiedade e a depressão. Além disso, ajuda a melhorar a utilização das políticas de trabalho-família por parte dos trabalhadores. Por conseguinte, seria útil compreender melhor as caraterísticas e as condições que levam os gestores e supervisores a adotar um comportamento de apoio à família.

Varizani (2007) reconhece que os gestores e supervisores determinam o nível de envolvimento e que os trabalhadores talentosos deixam as organizações se tiverem uma relação fraca com os seus gestores ou supervisores. Além disso, Alfes, Truss, Soane, Rees e Gatenby (2010) realizaram um estudo para estabelecer a relação entre as percepções dos gestores de linha e os níveis de envolvimento e concluíram que as percepções positivas dos gestores de linha estavam significativamente associadas ao grau de envolvimento dos trabalhadores.

Do ponto de vista organizacional, parece fundamental saber quais os factores individuais de gestão que contribuem para o comportamento do supervisor de apoio à família, de modo a que os gestores possam ser formados para se tornarem apoiantes da família e as práticas de recrutamento possam ser modificadas. O Comportamento do Supervisor de Apoio à Família (FSSB) consiste em quatro comportamentos do supervisor de apoio à família: apoio emocional, apoio instrumental, comportamentos de modelo e reconhecimento da importância estratégica das questões trabalho-família. O apoio emocional centra-se na perceção de que um indivíduo está a ser cuidado, de que os seus sentimentos estão a ser tidos em conta e de que se sente à vontade para comunicar sobre questões trabalho-família com os seus supervisores, quando necessário.

O apoio instrumental é reativo e está relacionado com os tipos de comportamento em relação ao trabalho e à família, sob a forma de programação de trabalho flexível. Os comportamentos de modelo referem-se aos supervisores que demonstram como integrar o trabalho e a família no trabalho, indicando assim aos empregados qual o comportamento aceitável no que respeita ao equilíbrio entre a vida profissional e a vida familiar. A gestão criativa da relação trabalho-família é proactiva e inovadora e implica uma atuação a nível organizacional.

Alguns exemplos de gestão criativa do trabalho-família incluem a reflexão sobre a forma como o trabalho pode ser reformulado para reduzir os conflitos trabalho-família e, ao mesmo tempo, melhorar os resultados organizacionais. Exemplos concretos de comportamentos de supervisores que apoiam a família podem incluir: encorajar os empregados a utilizarem práticas de trabalho-família; avaliar ativamente o desempenho dos empregados com base nos resultados e não apenas no "tempo de presença" e; não fazer de longas horas e horários de trabalho irrealistas um pré-requisito para a promoção.

Além disso, existem recursos no domínio do trabalho que funcionam de várias formas para facilitar a integração bem sucedida das exigências do trabalho e dos papéis familiares. Os supervisores podem ajudar os esforços dos seus empregados para integrar os papéis profissionais e familiares, fornecendo apoio instrumental, como permitir-lhes programar o seu horário de trabalho ou tirar uma licença quando há uma exigência familiar. O apoio é também de natureza socio-emocional. Ao manifestar preocupação e empatia para com os desafios trabalho-família dos empregados e ao afirmar que as responsabilidades familiares dos empregados não serão consideradas contra eles. Os supervisores que prestam apoio podem aumentar a confiança dos trabalhadores e ajudar a evitar as tensões e tensões que podem resultar da conjugação das exigências profissionais e familiares. A literatura mostra, portanto, que existe uma ligação entre o apoio do supervisor e o empenhamento dos trabalhadores.

Lição
Chefes que impedem a produtividade

Uma vez li um artigo de jornal intitulado "Porque é que alguém deve ser lido por si?", de Robert Goffee e Gareth Jones. O artigo foi um abrir de olhos e fez-me refletir sobre vários líderes com quem trabalhei. Alguns fizeram-me interessar pelo trabalho que fazem e inspiraram-me a imitá-los e a melhorar o meu próprio trabalho. Fizeram-me gostar do meu trabalho e apreciá-lo graças à sua liderança autêntica. Eu confiava neles e eles também confiavam em mim. Não tinham malícia e corrigiam-me sempre de forma positiva quando eu cometia um erro genuíno. Eram muito inspiradores.

Por outro lado, já vi líderes em quem não se pode confiar e que, por isso, também não confiam nos seus seguidores. Um exemplo: Amy, uma diretora artística de renome internacional, é introvertida e tem um temperamento explosivo. Tinha dificuldade em construir e manter relações, tanto a nível profissional como pessoal, porque não tinha paciência para perder tempo e para conversa fiada. Evitava multidões e conversas "desnecessárias" tanto quanto possível, só se envolvendo com outras pessoas no trabalho ou quando necessário. De facto, a única razão pela qual era tão conhecida era o seu trabalho. Se não fosse o seu talento natural e a sua carreira artística de sucesso, Amy teria provavelmente um estilo de vida mais calmo e com poucos contactos. Amy abriu a sua nova galeria perto de uma universidade local. Como parte da sua estrutura de marketing e de responsabilidade social da empresa, Amy decidiu oferecer um programa de estágio de três meses a estudantes de arte do último ano da universidade local.

A Brenda era uma estudante de arte feliz, com uma disposição solarenga e uma inclinação para a pintura. Brenda estudava artes e a sua especialidade era gestão de empresas. Ela achava que gostaria de comercializar a sua arte numa escala mais alargada quando se formasse, por isso combinou os dois princípios para tornar a sua formação mais completa. Brenda sempre acompanhou de perto a carreira de Amy, uma vez que esta era dotada de vários princípios artísticos. Brenda ficou entusiasmada quando soube do programa de estágios da Amy e não perdeu tempo a candidatar-se a um estágio de três meses. A assistente de Amy fez as entrevistas e escolheu Brenda para ser a primeira estagiária de Amy.

Amy conheceu Brenda no escritório do seu estúdio no primeiro dia de trabalho. A sua primeira impressão de Brenda foi que ela era brilhante, muito faladora e cheia de energia. No final da primeira reunião, Amy estava mentalmente cansada de ouvir as longas histórias de Brenda e saiu rapidamente depois de dar a Brenda algum trabalho administrativo para fazer. Brenda ficou radiante com a oportunidade de trabalhar em estreita colaboração com Amy; achava-a sábia, especialista em arte, embora um pouco distante e indiferente. No entanto, estava confiante de que conseguiria conquistar Amy com a sua personalidade alegre.

A experiência de trabalho de Brenda começou com uma nota positiva e ela previa aprender muito com Amy. Começou por fazer tarefas simples que Amy lhe dava. Amy estava frequentemente fechada no seu gabinete, "escondida" dos outros, enquanto se concentrava nos seus projectos artísticos e nos planos para as próximas exposições de arte. Não se esforçava muito para envolver Brenda e ensiná-la realmente; a sua perspetiva era que Brenda só estaria a bordo durante 3 meses e que depois disso Amy teria realizado um projeto de RSE. Aos olhos de Amy, Brenda era apenas uma ferramenta.

Brenda dedicou-se ao seu trabalho com positivismo e entusiasmo. Fez todos os esforços para envolver mais a Amy e procurar oportunidades para aprender e praticar a arte atual, mas sem sucesso. Amy só atribuía tarefas administrativas a Brenda, mas não a envolvia em projectos artísticos, pois achava que Brenda era demasiado desconcentrada e não tinha um olhar atento aos pormenores. Muitas vezes, ela criticava os resultados de Brenda e dava-lhe um feedback repreensivo, numa tentativa de a tornar mais empenhada. No espaço de um mês, o entusiasmo de Brenda estava a diminuir. As suas tarefas eram mundanas e repetitivas, e claramente fora do seu âmbito de interesse. Embora compreendesse que a administração fazia parte do negócio, estava a perder muito tempo que poderia ter passado a aprender e a praticar arte. Sentia que a ridicularização do seu trabalho por parte de Amy era dura e injustificada; muitas vezes, isso levava-a para casa desanimada e triste. Ela temia as mudanças de humor de Amy, sem saber o que esperar num determinado dia. Tentava pedir mais oportunidades a Amy, mas era ignorada. A própria Amy achava Brenda cada vez mais irritante e desconcentrada; não via como poderia confiar-lhe projectos artísticos, quando Brenda não conseguia manter-se fiel e dominar o que já lhe tinha sido dado. Tanto a diretora de arte como a aluna de arte sentiram que o acordo não iria resultar bem. Amy ficou aliviada quando Brenda apresentou o seu despedimento após um mês e meio de trabalho na galeria.

Não há nada tão difícil como trabalhar sob as ordens de alguém em quem não se pode confiar. Fazemos o nosso trabalho com medo e ponderamos cuidadosamente cada decisão que tomamos. Sob este tipo de líderes, a nossa principal preocupação é tentar evitar cometer erros em vez de pensar em como acrescentar valor. Quando se trabalha sob este tipo de líderes, o foco não é a produtividade, mas a auto-preservação. Isto leva a uma estagnação dos resultados e, consequentemente, a uma baixa produtividade e empenhamento. Estes líderes desenvolvem uma competição pouco saudável e sem

objectivos entre os seus seguidores. Tornam o trabalho muito difícil e o ambiente de trabalho torna-se venenoso. Os empregados que trabalham sob a sua alçada ficam desmotivados e desinteressados. Há uma falta generalizada de confiança entre os membros da equipa e a criatividade é prejudicada.
Para os líderes: Para que alguém se deixe liderar por si, tem de ser inspirador, confiante e autêntico. É isto que conduz ao verdadeiro empenhamento dos trabalhadores.

Capítulo 5
APOIO AOS COLEGAS DE TRABALHO
Compreender o apoio dos colegas de trabalho

O apoio dos colegas de trabalho refere-se às crenças dos trabalhadores sobre a medida em que os colegas de trabalho fornecem recursos desejáveis sob a forma de apoio emocional, como mostrar preocupação quando um colega está a passar por dificuldades (Susi & Jawaharrani, 2011). O apoio dos colegas de trabalho pode tornar um ambiente de trabalho num local agradável ou desagradável para passar o tempo. Nas organizações modernas, os trabalhadores trabalham frequentemente em equipas.

Os membros da equipa trabalham interdependentemente uns com os outros, comunicam e coordenam as suas acções para atingir os seus objectivos. Esta estrutura de trabalho colaborativo realça a importância dos colegas de trabalho na consecução de objectivos comuns, ao mesmo tempo que, talvez, reduza a importância da relação hierárquica tradicional com um gestor ou supervisor. Outro efeito de uma estrutura de trabalho baseada em equipas nas organizações é que o empenho dos trabalhadores nas suas equipas seria de interesse, em vez do seu empenho na organização ou no emprego.

O papel do apoio dos colegas de trabalho no reforço do empenhamento dos trabalhadores

A prestação de apoio, especialmente a ajuda nas tarefas de trabalho, tem aumentado os níveis de envolvimento dos membros da equipa. Um dos factores atribuídos à consecução do equilíbrio entre a vida profissional e a vida privada é o apoio dos colegas de trabalho. Os colegas de trabalho que dão apoio ajudam os trabalhadores a envolverem-se na equipa a que pertencem. Este elemento é medido pela forma como os membros dos grupos de trabalho imediatos dos trabalhadores se comportam (identificação da equipa) e pela adequação do reconhecimento que os trabalhadores recebem pelo trabalho que fazem (reconhecimento do trabalho). Os trabalhadores no local de trabalho precisam de sentir que pertencem à equipa e que têm colegas de trabalho com quem podem contar para apoio e aconselhamento, incluindo a partilha de questões pessoais/familiares.

Os investigadores descobriram que o apoio social é um recurso útil para melhorar o bom funcionamento dos trabalhadores nas organizações. No local de trabalho, o apoio do supervisor e dos colegas de trabalho é a forma mais relevante de apoio social para os trabalhadores. Na literatura sobre o envolvimento no trabalho, o apoio dos colegas de trabalho é considerado um recurso do trabalho. Os recursos do posto de trabalho referem-se a aspectos do posto de trabalho que são funcionais na realização dos objectivos do trabalho, na promoção do desenvolvimento pessoal e na redução das exigências do trabalho e dos custos associados. Os recursos do posto de trabalho activam um processo motivacional que leva ao envolvimento dos trabalhadores. Podemos, portanto, deduzir que o apoio dos colegas de trabalho tem uma relação indireta ou direta com o empenho dos trabalhadores. Isto significa que os empregadores devem prestar muita atenção à forma como as equipas são compostas para otimizar as sinergias resultantes de um sistema de apoio favorável aos colegas de trabalho.

Lição
Um colega do inferno

James trabalhou uma vez com uma colega chamada Jackie que nunca se dava bem com os seus pares. As reuniões e discussões relacionadas com o trabalho implicavam sempre uma tensão entre ela e os seus colegas. Para piorar a situação, a Jackie era a diretora preferida do seu empregador. Desprezava completamente os esforços dos outros membros da equipa, menosprezando frequentemente os colegas e frustrando as suas iniciativas para realizar as suas tarefas. A Jackie escondia informações essenciais para o progresso dos outros membros da equipa e tentava realizar todas as tarefas sozinha. Tornou-se cada vez mais difícil para os seus colegas realizarem as tarefas que tinham de colaborar com ela.

James tentou algumas vezes dar feedback a Jackie sobre como se relacionar melhor com os seus colegas. Tentou fazer amizade com ela, falar com ela sobre possíveis interesses sociais partilhados como forma de dar o feedback, mas Jackie não estava interessada. Tentou enviar-lhe um e-mail, mas ela ficou ofendida e disse-lhe que as suas concepções eram falsas. Finalmente, num dia particularmente cansativo de reuniões improdutivas com a Jackie, o James encurralou-a e disse-lhe abertamente que o seu comportamento e falta de espírito de equipa eram prejudiciais para os seus colegas e para o resto da equipa. Jackie desatou a chorar e fugiu, evitando a equipa durante o resto do dia.

James e alguns dos seus colegas decidiram que era do seu interesse partilhar as suas queixas com o seu chefe direto. Não gostavam de denunciar a Jackie ao seu superior hierárquico, mas o seu ambiente de trabalho tinha-se tornado tóxico e não conseguiam aguentar mais. No encontro com o chefe, Tiago e os seus colegas expuseram as suas preocupações em pormenor. Para sua consternação, depararam-se com resistência. O chefe defendeu a Jackie, dizendo que ela era um pouco competitiva, mas que era um membro importante da equipa e um grande modelo a seguir. Aconselhou-os a tentar dar-se bem com ela e a encontrar formas de trabalhar com ela de forma mais coesa.

Não acreditavam no que ouviam, mas James achava que não deviam ter ficado surpreendidos. Toda a gente já sabia que Jackie era o gestor preferido do seu chefe. Tiago decidiu comunicar a situação ao Departamento de Recursos Humanos para obter ajuda na forma de atenuar as circunstâncias. O Departamento de Recursos Humanos estava familiarizado com os problemas de relacionamento no trabalho com que Tiago e os seus colegas se confrontavam, devido ao feedback que recebiam frequentemente. Tomaram a seu cargo a intervenção, criando e implementando uma cultura de formação de equipas, apoiada por relatórios de avaliação psicométrica de cada membro da equipa na organização. As sessões de coaching da equipa não apontaram o dedo aos maus jogadores, mas sim esclareceram os funcionários sobre os pontos fortes e as áreas de desenvolvimento de cada um. Através das envolventes sessões de coaching, a Jackie foi confrontada com o desafio de avaliar de que forma a sua ação teve um impacto negativo na forma como os seus colegas trabalhavam com ela e, em última análise, como tinham impacto nos objectivos da organização. Inicialmente, a Jackie mostrou-se resistente, mas mesmo ela não podia negar os resultados das suas avaliações psicométricas e os relatórios que mostravam que cada membro individual da equipa tinha impacto na sinergia da equipa como um todo. Através das sessões de formação da equipa e do feedback regular, o James, os seus colegas e a Jackie descobriram como se compreenderem melhor uns aos outros e trabalharem em melhor sinergia do que nunca.

O apoio dos colegas de trabalho é imperativo para um ambiente de trabalho colaborativo e coeso, no qual os funcionários tenham um sentido de espírito de equipa e de pertença. Quando os colegas não se apoiam uns aos outros, começam a sentir-se isolados e sobrecarregados, não tendo lugar nem ajuda para aliviar a pressão constante que o trabalho acarreta. O apoio dos colegas de trabalho estimula o empenho dos trabalhadores, uma vez que estes trabalharão de forma mais colaborativa e harmoniosa, permitindo-lhes realizar mais tarefas, melhor e mais rapidamente. O apoio dos colegas de trabalho é essencial para o empenhamento dos trabalhadores.

Capítulo 6

CULTURA EMPRESARIAL

Definição de cultura empresarial

Identificar, compreender e influenciar a cultura organizacional por parte da direção de uma organização pode garantir a agilidade empresarial e o sucesso financeiro. Vislumbrar a verdadeira cultura de uma organização ajudará a decidir se a empresa é um lugar onde se pode contribuir e florescer como empregado. Em ambos os casos, uma má compreensão da cultura pode conduzir ao desastre. As culturas empresariais têm manifestações grosseiras e subtis que fornecem pistas sobre as normas e crenças subjacentes.

Prestar atenção às práticas de trabalho, ao ambiente, às vias de comunicação e até ao nível de humor numa empresa, revela a cultura organizacional dominante. A identificação e a compreensão da cultura são necessárias para efetuar quaisquer alterações mínimas ou em grande escala em resposta aos imperativos do mercado. Se não se tiver uma imagem clara da cultura, não é possível modificá-la eficazmente.

A cultura empresarial é a personalidade da organização: as crenças, os valores e os comportamentos partilhados pelo grupo. É simbólica, holística e unificadora, estável e difícil de mudar. Constituída pela aprendizagem e pelos artefactos visíveis e invisíveis, conscientes e inconscientes de um grupo, a cultura é o modelo mental partilhado. Este modelo é considerado um dado adquirido pelos elementos do grupo e é difícil de decifrar por quem está de fora.

É importante recordar que a cultura da empresa não são os ideais, a visão e a missão apresentados nos materiais de marketing da empresa. Pelo contrário, é expressa nas práticas, comunicações e crenças do dia a dia. Sempre que os seres humanos se reúnem e, em particular, quando indivíduos com um objetivo comum começam a trabalhar em conjunto, desenvolvem-se estratégias de trabalho e processos de pensamento e cria-se uma cultura organizacional. A maioria das culturas empresariais ou organizacionais tem caraterísticas fundamentais em comum com a cultura mais alargada em que se inserem.

O papel da cultura empresarial no reforço do empenhamento dos trabalhadores

A cultura empresarial é definida como valores amplamente partilhados e fortemente defendidos. Inclui as crenças, atitudes, práticas, normas e costumes que caracterizam um local de trabalho.

É um aspeto da cultura organizacional que reflecte as atitudes e os valores da organização em relação à vida profissional e à vida não profissional. A cultura de equilíbrio entre a vida profissional e a vida privada é o subconjunto das atitudes, relacionando-se diretamente com o apoio que a organização dá aos empregados para que possam equilibrar as suas vidas profissionais e não profissionais. Existem muitas dimensões da cultura empresarial; no entanto, o nosso foco é a cultura de equilíbrio entre a vida profissional e a vida privada. Como se viu acima, a cultura trabalho-família é a partilha de pressupostos, crenças e valores relativamente à medida em que as organizações apoiam e valorizam a integração da vida profissional e familiar dos empregados.

A literatura destaca que o ambiente organizacional e a sua capacidade de apoiar a utilização da política de equilíbrio entre a vida profissional e a vida privada são responsáveis pelo fosso que parece ser comum entre a disponibilização e a utilização da política (Kossek et al, 2011). Esta evidência mostra que o contexto dentro da organização, especificamente relacionado com o equilíbrio entre a vida profissional e pessoal, é importante para determinar o que as pessoas fazem e como se sentem na organização. A cultura de um local de trabalho é considerada relevante para o bem-estar de um indivíduo, mas também é vista como um recurso relevante para uma organização obter vantagens competitivas. Neste contexto, verificamos que as relações estreitas entre empregadores e empregados podem conduzir a uma maior motivação e a um melhor desempenho organizacional.

Além disso, uma relação estreita está correlacionada com um nível mais elevado de autoavaliação do trabalho e do empenhamento organizacional. O empenhamento organizacional vincula um trabalhador a entidades e comportamentos e pode resultar em menores intenções de rotatividade, menor rotatividade efectiva e comportamento positivo no local de trabalho. As organizações que criam culturas que valorizam o equilíbrio e ajudam os empregados a alcançar o equilíbrio na vida são recompensadas com empregados altamente empenhados. Ao desenvolverem culturas de local de trabalho mais unificadas e compassivas, as organizações tornam-se mais atractivas para pessoas de todas as gerações.

Por conseguinte, as culturas organizacionais de apoio à família têm sido associadas a um aumento da utilização de práticas de equilíbrio entre a vida profissional e a vida familiar. Além disso, a perceção dos trabalhadores de que uma cultura organizacional é favorável à família está relacionada com um menor stress no trabalho e com uma maior repercussão positiva entre o trabalho e a casa, bem como com uma maior satisfação no trabalho e empenho organizacional e menores intenções de rotatividade. Isto deve-se ao facto de o impacto mais importante das práticas de equilíbrio entre a vida profissional e a vida familiar ser uma melhoria da satisfação no trabalho.

A literatura que mede diretamente as dimensões culturais inclui Thompson et al, (1999) e Allen (2001). O trabalho de Thompson et al, (1999) é o primeiro a medir diretamente a cultura de equilíbrio entre a vida profissional e a vida privada e conceptualiza ao longo das três dimensões discutidas anteriormente. Uma cultura de apoio estava positivamente relacionada com o empenhamento efetivo. Além disso, Allen (2001) e Kreiner (2009) utilizaram o mesmo conceito de cultura que Thompson et al. (1999) e realizaram um inquérito nos Estados Unidos com mais de 500 inquiridos de muitas organizações diferentes.

Os seus resultados também demonstraram que a perceção de que a organização apoiava práticas favoráveis à família estava relacionada com níveis mais elevados de empenhamento organizacional. Estes resultados mostram que é provável que a cultura de equilíbrio entre a vida profissional e a vida privada numa organização esteja diretamente relacionada com os sentimentos individuais de compromisso para com a organização. Por conseguinte, podemos concluir que a cultura empresarial aumenta significativamente o empenhamento dos trabalhadores, o que, por sua vez, melhora a produtividade na organização.

Capítulo 7
CARACTERÍSTICAS DO EMPREGO
Fundamentação das caraterísticas do posto de trabalho

As caraterísticas do posto de trabalho foram definidas de forma exaustiva por Linz (2003), que defendeu que, para aumentar a motivação dos trabalhadores, o posto de trabalho deve ter cinco caraterísticas fundamentais: variedade de competências, significado da tarefa, identidade da tarefa, autonomia e feedback. Os investigadores tentaram examinar a relação entre as caraterísticas do posto de trabalho e diferentes variáveis, incluindo o equilíbrio entre a vida profissional e a vida privada.

Existem várias dimensões das caraterísticas do posto de trabalho e a sua importância na gestão dos recursos humanos está bem estabelecida. Ao relacionar as caraterísticas do emprego e o equilíbrio entre a vida profissional e a vida familiar, muitos investigadores tentaram realçar a importância do equilíbrio entre a vida profissional e a vida familiar. As políticas favoráveis à família devem ter em conta as circunstâncias "familiares" específicas de todos os trabalhadores. Apesar do conflito entre a vida profissional e familiar, os trabalhadores podem manter níveis relativamente elevados de empenhamento organizacional se considerarem que os procedimentos utilizados para planear e implementar as decisões organizacionais são justos. Passar mais tempo no trabalho pode ser um resultado do empenhamento dos trabalhadores. A interferência do trabalho na família pode ser um indicador do grau de dedicação ao trabalho.

Há muito que se teoriza que certas caraterísticas do posto de trabalho, sob vários títulos, fornecem recursos que podem afetar positivamente os trabalhadores. O nível de independência atribuído a um trabalhador (ou seja, a autoridade) e o grau de variação dos postos de trabalho em termos de conteúdo, localização e rotina (ou seja, a variedade) estão incluídos em vários modelos estabelecidos na literatura. Hackman e Oldham (2001) defendem que a autoridade e a variedade, a que chamam autonomia e variedade de competências, reforçam o sentido de responsabilidade e de significado dos trabalhadores e proporcionam-lhes motivação intrínseca (um recurso pessoal). Do mesmo modo, Karasek (2003) defende que a autoridade e a variedade, construções que designa por autoridade de decisão e discrição de competências, contribuem para o bem-estar dos trabalhadores porque podem ser utilizadas para enfrentar eficazmente as exigências inerentes ao trabalho.

Recentemente, os académicos têm defendido que as caraterísticas do emprego, como a autoridade e a variedade, e os recursos que estas envolvem criam efeitos de carga positivos sob a forma de motivação, energia, novas competências ou atitudes que podem ser mobilizadas para facilitar o funcionamento noutros domínios da vida, como a família. Os empregos que apresentam um elevado nível de caraterísticas essenciais (isto é, variedade de competências, identidade da tarefa, significado da tarefa, autonomia e feedback) proporcionam aos trabalhadores motivação para se empenharem mais. O enriquecimento do trabalho está positivamente relacionado com o significado e o significado mediou a relação entre o enriquecimento do trabalho e o empenhamento (May et al. 2004). Os trabalhadores a quem são proporcionados empregos enriquecidos e desafiantes sentem-se obrigados a responder com níveis mais elevados de empenhamento.

O papel das caraterísticas do posto de trabalho no reforço do empenhamento **dos trabalhadores**

Entre os principais aspectos que constituem as caraterísticas do posto de trabalho contam-se a amplitude de controlo, a polivalência e a clareza das funções. O alargamento da esfera de controlo proporciona aos trabalhadores maior liberdade e controlo sobre o seu trabalho. Em segundo lugar, as políticas de RH que colocam a tónica na polivalência resultam numa maior flexibilidade do posto de trabalho e numa maior experiência e confiança em múltiplas competências relacionadas com o posto de trabalho. A investigação empírica demonstrou igualmente que os aumentos sucessivos da complexidade das tarefas e das responsabilidades, juntamente com a formação para adquirir novas competências, fazem com que um indivíduo se sinta mais capaz de desempenhar o seu trabalho e, por conseguinte, mais habilitado.

As caraterísticas do posto de trabalho podem permitir ou impedir um equilíbrio efetivo entre trabalho e família. São várias as caraterísticas que ilustram este fenómeno. A coordenação do trabalho tem caraterísticas que ajudam ou dificultam a realização de um equilíbrio satisfatório entre o trabalho e a família. Por exemplo, o controlo individual que um trabalhador percebe na coordenação das tarefas é um recurso relacionado com o trabalho e está negativamente correlacionado com o conflito trabalho-família e, por conseguinte, positivamente correlacionado com o equilíbrio trabalho-família.

O tipo de trabalho é outro recurso relacionado com o trabalho na categoria das caraterísticas do posto de trabalho. Por exemplo, um elevado nível de complexidade do posto de trabalho está ligado a um elevado nível de competências de duas formas, ou seja, os postos de trabalho altamente complexos só serão geridos por trabalhadores altamente qualificados e o desempenho num ambiente complexo facilita o desenvolvimento de competências adicionais que são necessárias, como o planeamento, a organização ou a negociação.

As exigências relacionadas com o trabalho são exigências que os trabalhadores enfrentam no seu ambiente de trabalho e que requerem recursos para serem satisfeitas. As exigências relacionadas com o trabalho incluem: número de horas trabalhadas - quanto mais horas se passa no trabalho, menos tempo se tem para satisfazer as exigências do domínio familiar, o que resulta numa interferência no equilíbrio trabalho-família, tempo de deslocação - o tempo e a dificuldade de chegar ao local de trabalho absorvem o tempo que poderia ser gasto na vida pessoal.

Por conseguinte, o local de trabalho que promove o controlo individual é considerado um recurso; em alternativa, um ambiente de trabalho caracterizado pela falta de autonomia é avaliado como uma exigência e um fator que aumenta o conflito trabalho-família. No entanto, as actividades profissionais que constituem um desafio físico ou psicológico são consideradas exigências relacionadas com o trabalho que, sem uma oferta suficiente de recursos, conduzem a conflitos trabalho-família. Além disso, o conflito de papéis é explicado como "quando alguém recebe conjuntos incompatíveis de expectativas que têm de ser satisfeitas simultaneamente". Assim, quando os trabalhadores têm papéis diferentes e actuam em grupos diferentes e quando esses papéis exigem comportamentos diferentes, isso pode resultar em conflito de papéis. A investigação confirma que existe uma forte relação positiva entre o conflito de papéis e o conflito trabalho-família. Quando o empregado não está bem alinhado com o seu papel na organização, isso provoca insatisfação, o que reduz o seu empenhamento e conduz a um fraco desempenho. Por extensão, isto afecta o equilíbrio entre a vida profissional e familiar e o bem-estar geral.

Lição
Considerar as caraterísticas do posto de trabalho para o empenho dos trabalhadores

A Melissa é uma génio da matemática desde que se lembra. Sempre foi óptima com os números e decidiu fazer disso uma carreira, formando-se em finanças na universidade. Recém-licenciada, conseguiu o seu primeiro emprego como rececionista numa empresa de stocks que precisava desesperadamente de apoio administrativo. Tinha visto o anúncio no jornal e pensou que poderia abrir-lhe as portas para entrar numa função financeira. Durante a entrevista de emprego, Melissa falou da sua paixão pelas finanças e do seu interesse em desempenhar uma função financeira. O diretor responsável achou que Melissa se encaixava perfeitamente e rapidamente lhe prometeu uma oportunidade para crescer numa função financeira, como forma de a contratar rapidamente.

Como rececionista, Melissa era responsável por atender chamadas, receber mensagens, escrever correspondência, arquivar documentos e fazer recados. Rapidamente se viu muito ocupada com a azáfama do dia a dia da empresa de valores mobiliários e dedicou-se de corpo e alma à sua função, trabalhando o mais que pôde para conseguir um lugar numa área financeira. O diretor responsável e os outros supervisores ficaram impressionados com a sua energia, positividade e competências. A Melissa tinha um talento natural para cativar os clientes e manter relações duradouras com eles. Através do seu envolvimento com os clientes, a Melissa foi responsável por trazer 3 grandes clientes para a empresa durante o seu mandato.

A Melissa trabalhou na empresa durante 3 anos sem qualquer promoção à vista, apesar dos seus esforços para a obter. Em cada avaliação bienal de desempenho, pedia uma oportunidade para começar a trabalhar numa função financeira. De cada vez que o solicitava, o diretor responsável dissuadia-a, dizendo-lhe que teria de trabalhar mais algum tempo na empresa como rececionista para desenvolver as suas competências e dar-lhes tempo para encontrar uma rececionista substituta. A certa altura, ficou disponível um lugar de analista financeira júnior. Melissa reuniu rapidamente os dados da sua candidatura e partilhou-os com o diretor responsável para análise. Outros candidatos foram também entrevistados e um foi contratado. Melissa nunca foi escolhida para a entrevista.

Começou a sentir-se desanimada porque achava que a sua posição atual lhe estava a custar tempo e a reduzir as suas hipóteses de conseguir o cargo financeiro para o qual tinha estudado. Sentiu-se negligenciada e começou a duvidar do seu valor para a empresa de acções. Sentia-se insatisfeita e subvalorizada. Na avaliação de desempenho seguinte, Melissa aproveitou a oportunidade para voltar a manifestar as suas preocupações ao diretor responsável, pedindo-lhe mais responsabilidades na área financeira para poder aprender no local de trabalho, pondo em prática o que lhe tinha sido ensinado na escola. Indicou que se tinha candidatado ao lugar de analista financeira júnior, mas que nunca tinha sido entrevistada e que considerava injusto o facto de lhe ter sido prometida essa oportunidade e de ter trabalhado arduamente para a conseguir sem qualquer recompensa.

O gerente responsável fez fracas tentativas para acalmar as preocupações de Melissa e prometeu-lhe novamente que iria procurar uma oportunidade financeira em que Melissa se encaixasse. Melissa ficou desanimada. O mal já estava feito. Começou a procurar outro emprego e, passados 6 meses, encontrou um como associada financeira numa empresa de contabilidade de renome. Apresentou a sua demissão à empresa de stocks, com um mês de pré-aviso. O diretor responsável e os outros supervisores ficaram tristes com a saída de Melissa. Durante o seu mandato, a Melissa tinha simplificado a função administrativa da sociedade anónima e feito com que o trabalho quotidiano da sociedade decorresse sem problemas, de forma eficiente e atempada. Lamentavam não lhe ter dado uma função que melhor se adequasse às suas competências e interesses e desejavam ter feito as coisas de forma diferente.

A relação entre empregador e empregado é uma via de dois sentidos. Os empregadores têm uma responsabilidade para com os seus empregados e vice-versa. Uma entidade patronal deve assegurar-se de que contrata os talentos que melhor se adequam às funções que está a desempenhar. Não só isso, mas as funções devem ter uma mistura de caraterísticas que não só desenvolvam os empregados, mas que os interessem e desafiem a crescer. No nosso mercado de trabalho atual, há muitos millennials que procuram funções que lhes interessem, em vez de fazerem um trabalho só por fazer. Quando os empregados não estão interessados no seu trabalho e não se desenvolvem a partir das suas funções, tornam-se desmotivados e sem energia. Os empregadores devem considerar cuidadosamente as caraterísticas dos postos de trabalho para garantir que são interessantes, desafiantes e cativantes para a sua força de trabalho, a fim de assegurar o envolvimento da força de trabalho a longo prazo e minimizar as taxas de rotatividade dos trabalhadores.

RESUMO
Políticas do local de trabalho

As políticas de equilíbrio entre a vida profissional e a vida privada (PBL) são regras formalmente concebidas e comunicadas sobre o equilíbrio entre a vida profissional e a vida privada que são aplicadas na organização. Quando as organizações disponibilizam várias políticas e práticas de equilíbrio entre a vida profissional e a vida familiar, são consideradas como apoiantes da família. A disponibilidade de WLBPs pode criar uma sensação de segurança para os empregados de que a sua organização/empregador se preocupa com o seu bem-estar familiar. De acordo com a teoria do apoio organizacional percebido e a teoria da troca social, um sentimento de apoio deve resultar em atitudes positivas mais elevadas em relação à organização. Estes sentimentos ou atitudes positivos no trabalho podem criar um maior afeto positivo.

A disponibilidade de WLBPs cria percepções de apoio e controlo sobre as questões trabalho-família e gera atitudes de trabalho mais positivas. Teoricamente, as WLBP deveriam melhorar a eficiência e o desempenho dos trabalhadores, uma vez que são fundamentais para os ajudar a gerir as suas responsabilidades profissionais e familiares. Além disso, podemos concluir que a eficácia das políticas e práticas de equilíbrio entre a vida profissional e a vida familiar deve incorporar os efeitos da cultura do local de trabalho e o apoio dos supervisores aos esforços dos trabalhadores para equilibrar as responsabilidades profissionais e familiares.

Por conseguinte, o equilíbrio entre a vida profissional e a vida privada deve ser apoiado e incentivado a todos os níveis da organização. Uma organização que encoraje as políticas e práticas de equilíbrio entre a vida profissional e a vida pessoal obterá os benefícios de um maior envolvimento dos empregados e um resultado positivo depende de uma cultura de local de trabalho que apoie a utilização de iniciativas de trabalho e vida pessoal. O resultado são níveis mais elevados de empenhamento e produtividade dos trabalhadores.

Apoio do supervisor

As práticas de apoio das chefias estão significativamente correlacionadas com níveis mais baixos de conflitos trabalho-família, com um melhor equilíbrio trabalho-família e com o enriquecimento trabalho-família. A literatura também mostra que o apoio dos supervisores melhora as percepções de sucesso na carreira e na família, as percepções de apoio organizacional para harmonizar o trabalho e a família, a lealdade à organização, o empenho dos trabalhadores e a satisfação no trabalho e a intenção de rotatividade.

Além disso, esse apoio facilita a utilização de quaisquer políticas formais que a organização possa ter para harmonizar a vida profissional e familiar com a vida pessoal. Ao manifestar preocupação e empatia pelos desafios trabalho-família dos funcionários e ao afirmar que as responsabilidades familiares dos funcionários não serão consideradas contra eles, os supervisores de apoio podem aumentar a confiança dos funcionários e ajudar a evitar as tensões e tensões que podem resultar do malabarismo entre as exigências do trabalho e da família. A relação positiva resultante entre o trabalhador e o supervisor aumenta o empenhamento dos trabalhadores, conduzindo a uma maior produtividade.

Apoio aos colegas de trabalho

Os colegas de trabalho podem ajudar, dedicando algum tempo a simpatizar, compreender e ouvir os problemas de um colega, bem como a dar conselhos e informações sempre que necessário. Assim, ter um supervisor que dá apoio e ajudar os colegas de trabalho pode levar a um afeto mais positivo e a uma maior confiança no trabalho, que podem ser transferidos e melhorar o funcionamento da família. Os resultados da investigação também sugerem que tanto o apoio dos colegas de trabalho como o apoio do supervisor são potenciais preditores do enriquecimento trabalho-família. Este, por sua vez, aumenta a satisfação no trabalho e reduz a intenção de rotatividade.

O apoio e o respeito mútuo entre os membros da equipa é um ingrediente essencial para criar e manter uma força de trabalho empenhada. A ligação entre a equipa e os colegas de trabalho abre portas à comunicação e a estilos de trabalho mútuos, ajudando a reforçar as relações entre os membros da equipa. Os membros da equipa e os colegas de trabalho desempenham um papel significativo no envolvimento dos trabalhadores e querem ter um papel ativo no processo.

Cultura empresarial

Uma cultura de apoio ao trabalho-família melhora a base de recursos psicológicos dos trabalhadores, aumentando o sentimento de auto-aceitação e flexibilidade que, supostamente, desenvolve um afeto positivo em relação ao trabalho. Este sentimento de satisfação, quando transferido para o domínio familiar, pode melhorar o desempenho e o bem-estar da família, sugerindo a possibilidade de enriquecimento da família no trabalho (WFE). Os resultados da investigação apontam para a existência de uma relação positiva plausível entre a cultura trabalho-família e o WFE. Por conseguinte, podemos concluir que os empregadores devem prestar muita atenção à cultura empresarial, uma vez que esta contribui diretamente para o empenho dos trabalhadores, o que, por sua vez, melhora o desempenho global da organização.

Caraterísticas do emprego

A investigação empírica demonstrou que os empregos psicologicamente enriquecedores e gratificantes podem prever o enriquecimento trabalho-família. As caraterísticas essenciais do emprego, nomeadamente a autonomia, a variedade, a identidade, a importância e o feedback associados a um emprego, proporcionam a perceção de uma base de recursos adicionais ao trabalhador. Estes recursos integrados num emprego podem aumentar a perceção de controlo sobre o trabalho e as questões familiares, proporcionar motivação e energia e ajudar a adquirir novas competências, por exemplo, competências de gestão do tempo, que podem facilitar um melhor desempenho no domínio familiar, resultando em enriquecimento trabalho-família. Estudos anteriores apoiaram empiricamente a relação positiva entre algumas dimensões das caraterísticas do emprego, como a autonomia, a variedade e o enriquecimento trabalho-família.

Com base em vários resultados empíricos, podemos concluir que as caraterísticas essenciais do posto de trabalho, em conjunto, influenciam significativamente o enriquecimento trabalho-família. Por conseguinte, as caraterísticas do posto de trabalho que favorecem o equilíbrio entre a vida profissional e familiar melhoram o empenhamento dos trabalhadores, conduzindo a níveis mais elevados de produtividade.

Lição
O poder de um empregado empenhado

Já me deparei com empregados que fazem o seu trabalho com um mínimo ou nenhuma supervisão. Sabem o que fazer a toda a hora e parecem gostar de todos os aspectos do trabalho que fazem. Para eles, o trabalho é como um lazer e sentem-se muito felizes no trabalho. Transmitem a mesma felicidade e alegria aos outros e são muito motivadores para toda a equipa. São trabalhadores empenhados.

A Erica é um bom exemplo deste tipo de trabalhador. A Erica sempre foi uma força de energia desenfreada com um amor pelas pessoas. Tinha vindo de um meio problemático: uma família desestruturada, um rendimento pobre e muito tempo passado fora da escola a tentar encontrar biscates para ganhar dinheiro para alimentar os seus três irmãos mais novos. O pai de Erica estava na prisão por roubo desde que ela tinha treze anos e a mãe tinha falecido de cancro quando ela tinha dez. Erica e os irmãos tinham vivido com vários familiares durante a maior parte das suas vidas, até ao momento em que o seu irmão mais novo terminou a universidade. Atualmente, todos tinham emprego e viviam nos seus próprios apartamentos e casas.

Erica sabia que não queria que a sua vida fosse como a dos seus pais, por isso decidiu viver de forma diferente. Trabalhou arduamente e ganhou uma bolsa de estudo para a universidade, onde se licenciou em Psicologia. Era membro de um centro de aconselhamento local e fazia frequentemente trabalho pro bono para famílias e órfãos em bairros de lata e escolas.

Erica tornou-se conselheira de orientação numa escola secundária de grande reputação. Encontrava-se frequentemente com jovens adolescentes que se debatiam com muitos problemas pessoais em casa e na escola: pressão dos pares, divórcio, drogas, abusos, etc. Muitas vezes, Erica sentia uma pressão imensa ao tentar aconselhar os seus alunos enquanto geria as suas próprias dificuldades pessoais. As dificuldades do passado pesavam-lhe por vezes na consciência e o facto de ter de trabalhar com problemas semelhantes na vida de outras pessoas fazia com que Erica se sentisse feliz por ser uma fonte de apoio e, ao mesmo tempo, triste por todos os problemas da vida.

A única coisa que ajudou a Erica a ultrapassar cada dia de trabalho foi o facto de ter um ambiente de trabalho compreensivo. A diretora e os seus colegas compreendiam a natureza emocional do trabalho de Erica. Juntos, tinham formado um grupo divertido para tirar tempo depois do trabalho para beber, ir a eventos noturnos e viagens de fim de semana para relaxar e divertir-se. Erica e os seus colegas ouviam-se e encorajavam-se mutuamente. Durante o trabalho, geram positividade em tudo o que fazem para inspirar os alunos e uns aos outros para o sucesso. A Erica envolveu os alunos em actividades extracurriculares divertidas, que lhes despertaram a mente e a energia de forma positiva. A sua energia e entusiasmo são sempre contagiantes para todos. O diretor da escola também se preocupou com o seu pessoal, proporcionando-lhes uma estrutura de equilíbrio entre a vida profissional e a vida privada, o que lhes permitiu ter mais tempo livre do trabalho, mesmo durante os trimestres lectivos, e não apenas quando a escola estava fechada. A cultura da escola era de apoio, empenhamento, compreensão, positividade e políticas que permitiam ao pessoal trabalhar de forma fluida e livre. O pessoal estava empenhado e comprometido com as suas funções e uns com os outros, ajudando continuamente a escola a ser um centro educativo de referência na sua comunidade.

O envolvimento dos trabalhadores tem demonstrado e comprovado a sua capacidade de assegurar uma força de trabalho empenhada, leal e enérgica. Está intimamente ligado à melhoria do desempenho, ao aumento dos lucros, à redução da rotação do pessoal e à garantia da eficácia da estratégia de uma organização. As políticas de envolvimento dos trabalhadores só podem ser uma força positiva de impulso para as organizações que procuram um fator de mudança para o seu desenvolvimento, crescimento e sucesso.

CONCLUSÃO
O QUE OS EMPREGADORES DEVEM FAZER
À medida que as organizações continuam a evoluir, colocam mais desafios aos gestores porque precisam de mais empregados com competências profissionais acrescidas. Estes trabalhadores do conhecimento não podem ser geridos com o velho estilo de gestão totalitário. Esperam autonomia operacional, satisfação profissional e estatuto. É devido a estas necessidades que a atenção dos gestores está a mudar para o investimento no desenvolvimento, envolvimento, apoio, sucessão e retenção de talentos.

[th]A partir do último quartel do século XX, começaram a surgir conceitos como o empenhamento dos trabalhadores e o Comportamento de Cidadania Organizacional (CCO), uma vez que a eficiência e a produtividade dependem da capacidade e do empenhamento dos trabalhadores. Por conseguinte, os gestores devem estar atentos à forma de envolver os trabalhadores, mantendo os seus interesses e energia e aumentando o seu empenho e desempenho. Os empregadores apercebem-se agora que, ao concentrarem-se no envolvimento dos trabalhadores, podem criar uma força de trabalho mais eficiente e produtiva. Quaisquer iniciativas de melhoria empreendidas pela direção não podem ser frutuosas sem o envolvimento voluntário da força de trabalho.

Tanto os empregadores como os trabalhadores devem envidar esforços colectivos para identificar a combinação ideal de valor acrescentado que corresponda às necessidades da força de trabalho, desenvolvendo uma cultura de apoio que respeite as necessidades/valores individuais e a avaliação e melhoria contínuas dos programas organizacionais de vida profissional, para obter ganhos frutíferos para os trabalhadores individuais e para as organizações. Um dos aspectos mais importantes necessários para o envolvimento dos trabalhadores é o trabalho de equipa eficaz; as relações de apoio, colaboração e sucesso partilhado entre colegas de trabalho na consecução dos objectivos organizacionais contribuem muito para a criação de ambientes de trabalho saudáveis, positivos e inspiradores. É também evidente que factores como o clima de equipa, o orgulho coletivo, o empenho da equipa e a ligação à equipa desempenham um papel essencial na criação de equipas eficazes de elevado desempenho. Estes factores requerem uma atenção especial por parte dos empregadores para melhorar a relação entre a equipa e os colegas de trabalho. Por conseguinte, é essencial que a organização facilite o reforço das relações entre colegas de trabalho e proporcione um ambiente em que a colegialidade possa prosperar. Outro papel fundamental dos RH é, por conseguinte, prestar muita atenção à seleção, ao desenvolvimento e à gestão do desempenho dos gestores de linha, a fim de garantir que maximizam o seu potencial para serem líderes empenhados. Incorporar ferramentas adequadas para medir os pontos fortes e as áreas de desenvolvimento da sua força de trabalho, individualmente e em equipa, para identificar as áreas em que medidas como o coaching, o mentoring e a formação, para citar algumas, podem ser aplicadas para o desenvolvimento efetivo do seu grupo de talentos.

Os resultados dos programas sobre o empenhamento dos trabalhadores produzem, por sua vez, energia discricionária entre os trabalhadores. Isto significa que os trabalhadores utilizam o esforço discricionário para alcançar resultados extraordinários, melhorando assim o desempenho global da organização. Quando os trabalhadores exercem voluntariamente o seu esforço sem ou com um mínimo de supervisão, a liderança fica livre para se concentrar em decisões estratégicas que não a supervisão dos trabalhadores. Os trabalhadores exercem um esforço discricionário quando estão empenhados no seu trabalho, na sua organização, com o seu supervisor e os seus colegas de trabalho. Isto significa que alcançam quase sem esforço um elevado desempenho para as suas organizações.

O envolvimento dos empregados é uma necessidade intemporal e um dos métodos mais seguros para conseguir uma força de talento que trabalhe a níveis óptimos de desempenho. Os empregadores que implementam políticas e estratégias que criam efetivamente sinergias entre a força de talento e as estratégias organizacionais criam um ambiente propício no qual os empregados podem prosperar, empenhando-se energicamente nas suas funções, não só para o seu ganho pessoal na carreira, mas também, por defeito, para o crescimento e sucesso das suas organizações.

REFERÊNCIAS

Albrecht, S. L. (2012). The influence of job, team and organizational level resources on employee well-being, engagement, commitment and extrarole performance. *International Journal of Manpower, 33(7)*, 840-853.

Allen, T. D. (2001). Family-supportive work environments: The role of organizational perceptions. *Journal of Vocational Behavior, 58*, 414-435.

Amarakoon, A., & Wickramasinghe, V. (2010). Impact of work-life balance on employee engagement. An emperical study on Sri Lankan Employees. *Trabalho apresentado na Conferência Internacional de Investigação em Gestão e Finanças 2009*. Universidade de Colombo, Sri Lanka.

Anitha, J. (2014). Determinantes do envolvimento dos trabalhadores e o seu impacto no desempenho dos trabalhadores. *International Journal of Productivity and Performmance Management, 63(3)*, pp. 308-323.

Aybars, A. I. (2007). Work-life balance in the EU and leave arrangements across welfare regimes. *Industrial Relations Journal, Annual European Review, 38(6)*, 569-590.

Bakker, A.B. & Demerouti, E. (2008). Towards a model of work engagement. Career Development International, 13, 209223.

Bakker, A.B. & Schaufeli, W.B. (2008). Comportamento organizacional positivo: Colaboradores empenhados em organizações florescentes. *Journal of Organizational Behavior*, 29, 147154.

Bakker, A.B. e Demerouti, E., (2007). The job demands-resources model: state of the art. *Journal of Managerial Psychology*, 22(3), pp. 309-328.

Bakker, A.B. e Leiter M.P., (2010). *Work engagement: a handbook of essential theory and research*. Nova Iorque, NY: Psychology Press.

Balain S. e Sparrow P., (2009). *Engaged to Perform: A new perspective on employee engagement: Executive Summary*. Escola de Gestão da Universidade de Lancaster.

Baral, R., & Bhargava, S. (2010). Work-family enrichment as a mediator between organizational interventions for work-life balance and job outcomes. *Journal of Managerial Psychology, 25*, 274-300.

Cole, M., Bruch, H., & Vogel, B. (2006). Emotion as mediators of the relations between perceived supervisor support and psychological hardness on employee cynisim. *Journal of Organizational Behavior, 27(4)*, pp. 463-484. ISSN 1099-1379.

Dubin, R. (1978). *Theory building* (Rev. ed.). NY: Free Press.

Frone M. R., Yardley, J.K. e Markel, K.S. (1997), "Developing and testing an integrative model of the work-family interface". *Journal of Vocational Behavior*, 50: 145-167.

Hakanen, J., Bakker, A.B. & Schaufeli, W.B. (2006). Burnout and work engagement among teachers. *Journal of School Psychology*, 43, 495513.

Harter, J. K., Schmidt, F. L., & Hayes, T. L. (2002). Relação ao nível da unidade empresarial entre a satisfação dos trabalhadores, o seu empenhamento e os resultados empresariais: A meta analysis. *Journal of Applied Psychology, 87*, 268-279.

Hewitt, A. (2012). *2012 trends in global employee engagement.* Aon Corporation: Obtido em http://www.aon.com/attachments/human-capital-consulting/2012_Trends In Global Engagement_Final_v11.pdf.

Kahn, W. A. (1990). Psychological conditions of a personal engagement and disegagement at work. *Academy of Management Journal, 33(4)*, 692-724.

Konrad, A. M. e Mangel, R. (2000), "The impact of work-life programs on firm productivity". *Strategic Management Journal*, 21: 1225-1237.

Kossek, E. E., Ruderman, M., Braddy, P., & Hannum, K. (2011). *Desenvolvimento e validação de perfis de gestão de fronteiras no trabalho e fora dele.* San Antonio: Documento apresentado nas reuniões da Academia de Gestão.

Kreiner, G. E., Hollensbe, E., & Sheep, M. L. (2009). Equilíbrio entre fronteiras e pontes: Negotiating the work-home interface via boundary work tactics. *Academy of Management Journal, 39*, 1039-1057.

Lambert, S. J., (2000), "Added benefits: The link between work-life benefits and organizational citizenship behavior". *Academy of Management Journal*, 43: 801-815.

Maslach, C. Schaufelli, W.B. e Leiter, M.P. (2001) 'Job burnout', *Annual Review of Psychology*, Vol 52, pp397-422.

May, D. R., Gilson, L. R., & Harter, L. M. (2004). The psychological conditions of meaningfulness, safety, availability and the engagement of the human spirit at work. *Journal of Occupational and Organizational Pyschology, 77 (1)*, 1137.

Rothausen, T. J. (1994), "Job satisfaction and the parent worker: The role of flexibility and rewards". *Journal of Vocational Behavior*, 44: 317-336.

Rothband, N. (2001). Enriquecer ou esgotar? The dynamics of engagement in work and family roles. *Administrative Science Quarterly, 46*, pp. 655-684.

Saks, A. (2006). Antecedents and consequences of employee engagement. *Journal of Managerial Psychology, 21 (7)*, pp. 600-619.

Salanova, M., Agut, S. & Peiro', J.M. (2005). A relação entre os recursos organizacionais e o empenhamento no trabalho e o desempenho dos trabalhadores e a lealdade dos clientes: A mediação do clima de serviço. *Journal of Applied Psychology*, 90, 12171227.

Schaufeli, W.B. & Salanova, M. (2007). *Work engagement: Um conceito psicológico emergente e as suas implicações para as organizações.* Em S.W. Gilliland, D.D. Steiner & D.P. Skarlicki (Eds.), Research in social issues in management: Vol. 5. Managing social and ethical issues in organizations. Greenwich, CT: Information Age Publishers

Schaufeli, W.B., Bakker, A.B., & Van Rhenen, W. (2008). *How changes in job demands and resources predict burnout, work engagement, and sickness absenteeism.* Manuscrito submetido para publicação.

Schaufeli, W.B., Salanova, M., Gonza'lez-Roma', V. & Bakker, A.B. (2002). The measurement of engagement and burnout: A two sample confirmatory fator analytic approach. *Journal of Happiness Studies, 3,* 7192.

Seligman, M. E. P., Rashid, T., & Parks, A. C. (2006). Positive psychotherapy. American Psychologist, 61(8), 774-788.

Shields, P. M., e Rangarajan, N. (2013). *"Um manual para métodos de pesquisa:*
Integrando estruturas conceituais e habilidades de gerenciamento de projetos".

Shuck, M. B., Rocco, T. S., & Albornoz, C. A. (2011). Exploring employee engagement from the employee perspective: Implications for HRD. *Journal of European Industrial Training, 35(4),* pp. 300-325.

Stock-Homburg, R. e Bauer, E.M. (2007): *Work-Life-Balance in Top Management.* In: Aus Politik und Zeitgeschichte (APuZ) 34: 25-32.

Susi, S., & Jawaharrani, K. (2011). Work-life balance: The key driver of employee engagement. *Asian Journal of Management Research, 2(1),* pp. 474-483, 2011 ISSN 2229-3795.

Thompson, C. A., Beauvais, L., & Lyness, K. S. (1999). When work-family benefits are not enough: The influence of work-family culture on benefit utilization, organizational attachment and work-family conflict. *Journal of Vocational Behavior, 54,* pp. 392-415.

Van den Broeck, A., Vansteenkiste, M., De Witte, H., & Lens, W. (2008). Explicar as relações entre as caraterísticas do trabalho, o burnout e o empenhamento: The role of basic psychological need satisfaction. *Work & Stress,* 22(3), 277-294.

SOBRE O AUTOR

O Dr. Francis Kangure é um líder experiente na gestão do capital humano. Um ávido observador do desenvolvimento de talentos, é autor de vários artigos publicados em revistas especializadas. Tem um doutoramento em Gestão de Recursos Humanos pela Universidade de Agricultura e Tecnologia Jomo Kenyatta e é um coach executivo da Academy of Executive Coaching, Reino Unido.

I want morebooks!

Buy your books fast and straightforward online - at one of world's fastest growing online book stores! Environmentally sound due to Print-on-Demand technologies.

Buy your books online at
www.morebooks.shop

Compre os seus livros mais rápido e diretamente na internet, em uma das livrarias on-line com o maior crescimento no mundo! Produção que protege o meio ambiente através das tecnologias de impressão sob demanda.

Compre os seus livros on-line em
www.morebooks.shop

Printed by Books on Demand GmbH, Norderstedt / Germany